本书为2017年度陕西师范大学中央高校基本科研业务费专项资金项目成果

人际沟通学 概论

Human Communication

成越洋 ［美］吕新安 ◎ 著
（Lucian X. Lu）

 中国传媒大学 出版社

·北京·

图书在版编目(CIP)数据

人际沟通学概论/成越洋,(美)吕新安(Lucian X. Lu)著. --北京:中国传媒大学出版社,2019.5
　　ISBN 978-7-5657-2478-7

　　Ⅰ. ①人…　Ⅱ. ①成…　②吕…　Ⅲ. ①人际关系学—高等学校—教材　Ⅳ. ①C912.11

　　中国版本图书馆 CIP 数据核字(2019)第 082900 号

人际沟通学概论

RENJI GOUTONGXUE GAILUN

著　者	成越洋　〔美〕吕新安(Lucian X. Lu)
责任编辑	赵　欣
特约编辑	高卓毓
责任印制	阳金洲
封面制作	拓美设计
出版发行	中国传媒大学出版社
社　　址	北京市朝阳区定福庄东街 1 号　邮编:100024
电　　话	86-10-65450528　65450532　传真:65779405
网　　址	http://www.cucp.com.cn
经　　销	全国新华书店
印　　刷	北京中科印刷有限公司
开　　本	710mm×1000mm　1/16
印　　张	14.25
字　　数	180 千字
版　　次	2019 年 5 月第 1 版
印　　次	2019 年 5 月第 1 次印刷
书　　号	ISBN 978-7-5657-2478-7/C・2478　　定价　48.00 元

版权所有　　翻印必究　　印装错误　　负责调换

Preface

Communication is the foundation of all human relationships. Communication has pervaded into all quarters of contemporary life, from intrapersonal psychology to family relationships, from group decision-making to organizational effectiveness, from politicking to public advocacy, from health campaigns to doctor-patient relationships, and the list goes on. The advent of the internet and social media has expanded communication from face-to-face settings to mediated contexts, accentuating the prevalence of communication in our life like never before. With rapid economic development and over time, the quality of life will depend less and less on material bounty but more and more on communication effectiveness--how we interact and connect with each other.

Although the importance of communication has been recognized for thousands of years, the academic field of communication did not emerge as a distinct discipline until the 1940s in the West. The origin of speech communication studies is commonly traced to the studies of rhetoric propounded by Aristotle in ancient Greece. Rhetoric, or the art of using the spoken word to influence, was considered the "queen of disciplines" in ancient Greece. Rhetorical studies from that time have bequeathed us with the "Five Canons of Rhetoric" that still guide contemporary public speaking—Invention, Style, Arrangement, Memory, and Delivery. In 1914, speech teachers withdrew from the the National Council of Teachers of English in the United States to form the National Association of Academic Teachers of Public Speaking. With expansion of the field, the Association added in 1970 the word "communication" to its name (the Speech Communication Association). As the new discipline evolved, the focus has expanded from discovering laws and truths about speech to pedagogical and research interests in diverse areas such as interpersonal communication, group communication, organizational communication, mass communication, intercultural communication, health communication, political communication, performance studies, and so on. Differing orientations of scholars that view the discipline as a branch of humanities and those who view the discipline as a branch of social sciences have coexisted. In 1997, the Association changed its name again to the National Communication Association.

As a collectivistic culture, China has a long tradition of prioritizing collective interests and group harmony over individual interests. In the Chinese academe, studies of communication remain largely restricted to areas that focus on macro-level communication processes where messages are targeted

Preface

at a public audience, such as journalism and mass communication, advertising, public relations, political communication, internet and new media, TV production, film analysis, among others. Nevertheless, due to increasing international academic exchange between Chinese communication scholars and those from Western countries at both institutional and individual levels, there have been growing interests in developing speech communication subdisciplines in China, whether in schools of communication, languages and literature, or humanities in general.

To do justice to the prevalence and significance of communication in our life, attention must go to all applications of communication in contemporary life. These applications are deep and many. This current text authored by Professors Cheng and Lu commences this extremely meaningful enterprise by offering a general and comprehensive introduction of communication studies in its important contexts. It defines the scope of communication studies, offers a history of communication studies, and explains the role of language, nonverbal codes, and listening in the process of communication. In addition, it addresses the fundamentals of intercultural communication, small group communication and leadership, and public speaking.

It is my fond hope that communication studies in China, assisted by initiatory efforts such as this current text, will soon catch up with the scope and prevalence of communication as seen in real life, in order to help the Chinese academe fulfill its all-important purpose of improving the national life of China. I also hope that this work will be an inspiration to our communication colleagues and students in China, and serve as a catalyst for promoting diversity and growth in the communication discipline.

Meina Liu, Ph. D.
Department of Organizational Sciences and Communication
The George Washington University
Washington, DC, USA

前　言

人际沟通研究首先始于现实需求,在家庭、职场和社区,人际沟通的实践处处可见:个体人际沟通、群体内部成员沟通、公众演讲、网络人际沟通,等等。关于人际沟通中的传播符号特征、人际关系的建立、沟通障碍的处理等大量问题都成为研究的课题。

人际沟通学(Human Communication)源自西方,研究人们如何通过语言和非语言符号进行信息互动和沟通,包括对人类沟通行为中使用的符号体系的研究和在不同沟通情境中的对沟通符号的应用规律的研究。该学科在美国已形成从本科生到研究生不同层次的完备的学科体系,以西方修辞学(Rhetoric)为学科源头,逐渐发展为言语传播学(Speech Communication),再拓展为人际沟通学(Human Communication)。

人际沟通学起源于古希腊时期的修辞学,学界一般将苏格拉底、柏拉图、亚里士多德与诡辩家对于口头辞辩的研究,视为修辞发展的起点。柏拉图认为说辩的价值在于通过辩证来探求知识和真理;亚里士多德则探讨说辩中说服人的要素;西塞罗提出说辩的五大要素:构思、组织、语言风格、记忆、口头表达,可以说是最早的传播模式。在工业文明时期,受自然科学、哲学、心理学等各种新知识的冲击，修辞学发展出很多分支，如"纯文学派""心理认知学派""演讲术派"等。1914年，美国多所高校从事公众演讲的教师自组全美演讲教师学会（the National Association of Academic Teachers of Public Speaking），以古希腊、古罗马时期的传统修辞学理论为学科基础。随着社会科学的不断发展，侧重口头表达的修辞学逐渐与语言矫正、戏剧、口述文学等其他口头表达研究相结合，拓展为Speech（言语）研究领域，1946年，全美演讲教师学会易名为全美言语学会（Speech Association of America）。20世纪40年代末期，在美国的一些大学中，传播学与新闻系和言语系融合，逐渐形成了传播学的两个重要分支——Mass Communication 和 Human Communication。1970年，全美言语学会再次易名为言语传播学会（Speech Communication Association）。言语传播学的研究范畴逐渐扩大，来自社会学、心理学、病理学领域的学者将更多的研究课题和研究手段不断融入，以研究口头表达的单向说服功能为基础的修辞学逐渐迈向了研究双方互动的传播过程的人际沟通学（Human Communication），研究人类通过语言、非语言等多种符号系统在不同语境中进行信息交流的规律，超过了以往修辞学主要研究的语言符号系统，信息交流互通也取代了早期修辞学的单向"说服"功能，传统修辞学的人文方法和传播实证研究也相互结合。随着形势的变化，1997年，言语传播学会去掉了名称中带有局限性的"Speech"一词，易名为全美传播学会（National Communication Association）。进入21世纪以来，随着国际交流的增加和网络技术的飞速发展，这个学科范围内出现了很多研究的子领域，诸如组织沟通、健康传播、跨文化沟通、基于媒介技术的沟通等。由于研究范围扩大、研究现象更复杂，研究方法既有传统的历史分析和修辞批判方法，也包括实验和测试等量化研究和着眼于社会权力关系的批判研究,人际沟通学研究取得了深入发展。关于此学科的演进发展历程,美国乔治华盛顿大学组织科学与传播系终身教授刘美娜女士在本书序言中做了详细说明,在此对刘美娜教授表示衷心感谢。

在中国,关于人与人之间的沟通交际的研究虽然可以追溯至先秦时期,但是,由于社会政治经济形势的变化及文化传统的影响,并没有形成关于人际沟通学的体系化研究。由于语言产生后成为人类传递信息的最主要手段,关于言语的说服与社会人伦关系的构建方面的论述散见于不同时代,尤其是各种社会思潮活跃的社会变革时期。当代,对于人际沟通领域的研究以推介西方人际沟通学的经典和述评基本理论为主,20世纪八九十年代以来,一部分学者陆续翻译了基础人际沟通(Interpersonal Communication)领域的经典著作,并结合中国文化语境做了扩展性研究,代表学者有王怡红、殷晓蓉等。20世纪九十年代以来,由于市场经济的发展,对于语用的实践指导功能的社会需求增加,一部分本土学者在适当借鉴西方语用理论基础上,结合大量案例分析总结,自成体系,产出了一批以"语言交际"或"言语交际"等名称命名的著作,侧重于语用技巧方面的实用性总结。在大陆,系统介绍西方该学科研究对象和研究体系的中文著作是近十年来才出版的。具有代表性的有《沟通交际学》(鲁曙明,2008)、《言语沟通学》(吕行,2009)、《口语传播》(秦琍琍,李佩雯,蔡鸿滨,2011)。《沟通交际学》由多年在美国从事人际沟通领域研究的华人学者群体撰稿,系统地介绍了该学科在西方的发展脉络、研究方法及各个研究子领域的代表性理论。《言语沟通学》是吕行教授在厦门大学开设的言语沟通学课程的教材,概括介绍了学科的东西方发展脉络和基础理论,更侧重于案例的解析。《口语传播》一书在介绍西方理论的基础上,融入了作者的教学素材与研究心得,突出的贡献在于进一步介绍了以亚洲文化为中心的传播研究取向,是台湾学者教学与研究成果的重要展现。

在中国,人际沟通学研究属于初步发展阶段。台湾世新大学口语传播系是两岸四地最早成建制地设立相关教学和科研体系的教学研究单位,仍然沿用 Speech Communication 的名称并译为"口语传播",主要的学科体系和研究方式以学习西方的模式为主,学者的研究领域集中于口语传播视域下的修辞学、组织传播、传播思想史等各个领域。厦门大学在国内率先将口语传播作为传播学本科专业的一个教学模块和研究生招生方向开展教学研究。中国传媒大学、暨南大学等高校也开设了口语传播研究生招生方向。笔者所在的陕西师范大学于 2010 年开设言语传播本科生课程,随后开设了研究生招生方向。笔者认为,"口语"或"言语"的汉语表述凸显了这个学科在西方语境下的口头说辩的学科源头,但是,不能涵盖学科在当代发展中拓展的非言语传播、多语境传播、技术中介传播等研究范畴。"传播"一词的单向性含义也比较强,不能很好体现人和人交流活动中的互动性。美国华人学者代表鲁曙明先生翻译的"沟通交际学"这一概念中,"交际"强调人们交换信息的互动过程,"沟通"则强调了实现互动的有效性,并且可以涵盖言语和非言语两类传播手段。笔者在此基础上,翻译为"人际沟通学",侧重于探求不同沟通场景中人与人的关系变化对互动机制的影响。

近几年来,国内对 Speech Communication 的研究逐渐兴起,尤其是从事播音主持教学研究的学者对该领域颇为关注,这和中国播音主持学科领域部分学者的学术取向变化有关。播音与主持学科侧重的是对传媒领域的口头语言表达艺术规律的探索,是融合语言学、传播学、艺术学的交叉学科,国内播音主持学科的奠基性成果是张颂先生主编的《中国播音学》,凝聚了一代研究者的心血。该著作对广播电视传播语境中播音员主持人的语言符号的表达规律进行了系统性总结，其中一些理论还来源于业界前辈宝贵实践经验的规律性总结，为后辈学人的研究提供了充足的学术养分。不过，该理论体系中对非语言符号的运用规律还没有进行系统性总结；另外，由于历史的原因，融媒体环境下播音员主持人的创作规律在该理论体系中还未能体现。近年来，随着融媒体传播环境的重大变化，学生就业环境也发生了变化，播音主持专业学科进一步完善学科定位和基础理论建设的重要性日益凸显。学科深入发展的需求和业界变化对人才需求的变化促使一些学者不得不更深入地从学理层面审视该学科的学科特质和未来的发展方向。由于播音主持的核心行为是信息传播，一部分学者致力于从传播学视角研究播音主持创作规律，代表学者有毕一鸣、高贵武等，高贵武教授还提出"主持传播"的概念。随着各地学者交流的增加，Speech Communication 也逐渐为人们所了解。由于 Speech 领域和播音主持的学科源头都与口头语言表达艺术相关，因而一些学者纷纷转向这个领域获取关于研究路径、方法的借鉴。一些院校开设了相关课程，甚至一些院校在原播音系的基础上重新设立了语言传播系或言语传播系。这与西方的 Speech 领域的发展历程颇为类似，与口头语言表达有关的领域汇聚为 Speech 领域，然后又与传播研究相结合扩展为 Speech Communication。从美国传播学的发展历程来看，Speech Communication 在 20 世纪末已经经历了去 Speech 化的发展过程，成为研究人类通过语言、非语言等多种符号系统在不同语境中进行信息沟通规律的人际沟通学，是融合了社会学、心理学、语言学、修辞学、人类学等多学科知识，包含定量研究、定性研究和批评研究，有完善的基础理论体系的学科。从人际沟通的视角来看，播音主持行为是在广播电视及融媒体传播语境中的人际沟通行为，从人际沟通学视域研究播音主持，可以全面观照播音主持传播过程的传播符号、传播渠道、传播反馈等传播要素及彼此的关系。笔者之一成越洋曾在《现代传播》(2007年第6期)发起的"探索播音主持学科发展的新路径"的学术沙龙中撰文谈到上述观点,借鉴相关学科思考播音主持专业的学理特质,为学科发展尽绵薄之力,也是笔者研究人际沟通学的起因,思考粗浅,期盼学界前辈及同仁指正。

本书由陕西师范大学新闻与传播学院成越洋与美国西彭斯堡大学Lucian X. Lu(吕新安)两位老师共同撰写。Lucian教授是美籍华人,2007年,一次偶然的回国讲学机会,Lucian教授热情推介了当时在中国大陆传播学界尚未形成系统性研究的人际沟通学。之后,两位老师常年合作,在陕西师范大学新闻与传播学院人际传播研究中心开展相关研究工作。成越洋老师于2010年起在陕西师范大学为本科生开设了言语传播课程,后更名为人际沟通学课程,本书是在两位作者的授课教案基础上形成的。本书概括介绍了学科的东西方发展脉络和研究方法,并依据该学科在西方研究的主要子领域介绍相关代表性理论,在此基础上,结合作者在教学研究中搜集的大量东西方案例,为读者提供实践参考策略。第一章介绍了人际沟通的定义与研究对象、梳理了人类沟通行为的发展脉络、简要介绍了学科的东西方发展脉络;第二章介绍了人际沟通学的研究方法;第三章和第四章探讨沟通符号的运用,分析了言语沟通和非言语沟通的特点及其运用规律;第五章从沟通反馈视角分析聆听在沟通中的作用及聆听的种类。第六章至第九章分析人际沟通的重要语境,介绍了基础人际沟通、团体人际沟通、公众演讲、跨文化人际沟通几个典型的人际沟通语境,介绍了不同语境的特点,不同语境中人际沟通的传播符号、传播渠道、传播反馈等沟通要素的基本作用规律。本书主要立足于对学科发展脉络和研究脉络做普及性介绍,其间穿插作者的学术思考和相关研究成果,并通过丰富的案例分析帮助初学者了解基本理论。作者对东西方文化语境差异对人际沟通学的研究取向的影响也有零星思考，但尚未形成系统性论述，在将来再版中会进一步完善。本书撰写中的疏漏及不足之处，还望各界学人和读者批评指正。

成越洋　Lucian X. Lu

2018 年 12 月

目录

1	**第一章**	**人际沟通概述**
2	第一节	"人际沟通"的概念辨析
7	第二节	人类沟通行为的发展
14	第三节	人际沟通学的研究对象
20	第四节	人际沟通的语境
26	第五节	东西方研究历程简介
36	**第二章**	**人际沟通学的研究方法**
36	第一节	传播研究中的哲学视角
41	第二节	定量研究
47	第三节	定性研究
50	第四节	混合研究
53	**第三章**	**言语沟通**
54	第一节	语言、言语和言语沟通概念辨析
58	第二节	语言符号的特点与言语沟通应用
62	第三节	传播要素与言语沟通应用
72	**第四章**	**非言语沟通**
72	第一节	非言语沟通与非语言符号
89	第二节	非言语沟通的功能与特性
94	第三节	非言语沟通与环境制约

98	第五章	聆 听
98	第一节	聆听中的要素
104	第二节	聆听的类型
114	第三节	如何训练良好的聆听习惯
119	第六章	基础人际沟通
120	第一节	东西方人际沟通研究
129	第二节	基础人际沟通与人际关系
136	第三节	人际冲突的处理方法
144	第七章	团体人际沟通
145	第一节	团体的工作机制
154	第二节	有效会议与领导力
158	第三节	有效解决团体冲突
164	第八章	公众演讲
164	第一节	公众演讲的发展和分类
170	第二节	观众分析与应对
176	第三节	演讲稿的准备
181	第四节	演讲现场的心理调节与表达
193	第九章	跨文化人际沟通
193	第一节	跨文化人际沟通与文化维度
200	第二节	跨文化人际沟通中的障碍
205	第三节	有效的跨文化人际沟通策略
209	后 记	

第一章　人际沟通概述

　　人类是群居性动物,漫长的人类发展史,也是人类互相依存、相互协作、相互斗争的历史,人类社会中人与人之间的传播/沟通信息的活动从未停止,无论是生产、生活、战争、贸易、管理,各种活动中传播活动无处不在。在日常工作生活中,人们靠相互交换信息来获取生产、生活资料和各种资源,统治者和管理者调配各种资源来形成社会成员遵守的制度和规则,思想家形成思想和理念传给后代,人类社会得以生生不息地延续。因此,人类的发展史也可以算作一部人类传播与沟通活动史。但是,有人之处亦有纷争。由于外在的文化背景、政治经济模式和内在的性格、思维方式等差异,人与人之间的沟通会产生隔阂、误解甚至冲突。《圣经·旧约·创世记》曾记载,当时人类联合起来兴建希望能通往天堂的高塔;为了阻止人类的计划,上帝让人类说不同的语言,使人类相互之间不能沟通,计划因此失败,人类自此各散东西。其实,语言背后的话语方式和文化差异才是沟通不畅的根源。在 21 世纪,语言互通和技术互动已给人类沟通创造了更好的条件,求同存异,融洽沟通将再造人类通往幸福的阶梯。

第一节 "人际沟通"的概念辨析

一、传播与沟通的定义

中文词汇"传播"与"沟通"对应的英文单词为"Communication"。"Communication"一词源于拉丁文"communis",意为"使意义共通",所有的传播沟通活动的核心要素都集中于此。笔者之所以采用传播/沟通并行的概念来表述"Communication"一词,在于中文中"传播"和"沟通"的含义既有共性又有一定的差异。"传播"强调的是传者单向的信息发送,而"沟通"更侧重于传受双方的信息互动和共通效果的达成。在大众传播尤其是早期的大众传播实践中,媒体单向性信息传递活动更加可考,研究侧重媒体信息的单向传播,所以对应译为"传播";而在个体和小群体的人际传播中,由于传播对象的确定性,相关实践和研究更多讲求信息传播的双向性及意义的共通性的达成,所以对应译为"沟通"。

尽管人类的传播与沟通活动由来已久,但是对此的研究发展为一门学科的历史并不太长。从20世纪前半叶开始,西方社会带着不同学术背景、抱有不同课题关心的学者从各自的视角开始研究人类的传播与沟通问题,集合了社会学、心理学、信息论和控制论等多学科的研究方法和成果,到20世纪40年代,美国正式设立了传播学。

因为传播行为涵盖的范围很广,所以研究者从不同角度下的定义也非常多。社会互动理论创始人库利强调了传播的社会关系性,把传播看作人与人社会关系得以成立和发展的基础。他在1909年出版的《社会组织》一书中写了一段与传播相关的文字：这里的传播意味着人类关系赖以存在与发展的机制——所有精神的符号及其在空间中传递和在时间中保存的手段。它包括面部表情、态度和手势、说话的声调、措辞、文字作品、印刷机、铁路、电报、电话以及其他一切征服空间与时间的最新成果。[1] 起初从事精神健康和家庭治疗的帕洛阿尔托学派主要理论重点是人类交往行为，该学派将传播等同于人类行为，其代表人物贝特森提出著名格言"人不能不传播"[2]。符号互动学说的研究者们把传播看作关于符号的相互作用，其核心观点是：人类创造与运用符号，人类通过识别他人使用的符号，运用符号进行自我认识，对情境进行理解并作出反应，产生人与人之间的行动以及这些行动的稳定模式与结构。[3] 从20世纪40年代信息科学诞生以后，许多传播学家在界定传播概念之际都突出强调传播的信息属性。传播学的集大成者施拉姆在《传播是怎样运行的》一文中写道：当我们从事传播的时候，也就是在试图与其他人共享信息——某个观点或某个态度……传播至少有三个要素：信源、讯息和信宿。[4]

据学者丹斯和拉森1976年的统计，关于Communication的定义就有126种之多。不同的定义对于共通的理解的侧重点不同。有的侧重于使意义达成共通的事物，比如文化符号、习俗、共同的背景、共享意义等；有的侧重于使事物达成共通的过程，包括信息从一个地方到另一个地方的传送过程、把事物表述成形的组织语言以及事物产生的行为模式等。那些侧重于使意义达成共通的事物的研究者，采用基于语义或结构的观点，

---

[1] 施拉姆.美国传播研究的开端：亲身回忆[M].王金礼,译.北京：中国传媒大学出版社,2016：10.
[2] 罗杰斯.传播学史：一种传记式的方法[M].殷晓蓉,译.上海：上海译文出版社,2005：86.
[3] 刘蒙之,赵天天,孙婷婷.西方人际传播学说研究[M].西安：陕西人民出版社,2016：80-81.
[4] 郭庆光.传播学教程[M].北京：中国人民大学出版社,1999：3.

他们关注的是"我们的现实经历就是传播活动的产物";而那些关注使事物达成共通的过程的学者们,把传播视为工具,研究这种工具如何把信息从一人(信息源)传送到另一人(接收者),或者从一地(信息源)传送到另一地(接收者)。综合以上关于"使意义共通"的两种视角,学者弗雷给传播/沟通做了如下定义:传播/沟通是人们借助语言或非语言符号创造和分享意义的过程。① 这个定义既把传播视为一个基于语义的创造过程,也把传播视为用于交换信息的工具。

二、人际沟通与大众传播

尽管传播学独立成为学科的时间并不足百年,但是西方社会对传播的关注和研究历史久远,最早可追溯至古希腊的政治论辩和以说服为基础的修辞学(Rhetoric),之后随着社会学、心理学、信息科学等人文和社会科学的融入,传播学逐渐演变为独立的学科。在传播学的发源地美国,由于研究范围和侧重点不同,Mass Communication 和 Human Communication 成为传播学研究的两大重要领域。其中,"Mass Communication"通常译为"大众传播",一直是国内相关院校研究的重点,被广泛接受的关于大众传播的概念是:专业化的媒介组织运用先进的传播技术和产业化手段,以社会上一般大众为对象而进行的大规模的信息生产和传播活动。② 而在西方占有重要地位的 Human Communication 在国内却没有形成体系化的研究。有的研究者(如鲁曙明)将"Human Communication"译为"沟通交际学",还有的学者(如吕行)追溯该领域的口语说辩的源头

---

① FREY, BOTON, KREPS. Investigating communication: An introduction to research methods [M]. 2nd ed. Boston: Allyon & Bacon, 1997: 28.
② 郭庆光. 传播学教程[M]. 北京: 中国人民大学出版社, 1999: 111.

而将其译为"言语沟通学"。鲁曙明先生指出该研究领域与大众传播学研究的区别在于:"沟通交际学研究的重点是人们在不同情境、不同人际关系的交往中,如何组织信息,并通过语言和非语言手段交流思想、情感,传达给对方,理解对方的意图,回送反馈,以取得一致的认识,从而产生有效的互动",而大众传播学"主要关注新闻与媒体的研究方法和理论问题"[1]。国内有的学者也将传播研究分为人际传播和大众传播两个层面。张国良认为,"'人际传播'包括大众传播现象以外的一切传播现象,例如谈话、会议、书信、电话,等等。换句话说,大众传播和人际传播,构成了人类传播活动的两大方式"[2]。

笔者将"Human Communication"译为"人际沟通学"。首先,《现代汉语词典》将"人际"解释为"人与人之间的",这个含义可以涵盖多种人与人之间的关系,包括两人之间、一人对多人、多人对一人、多人对多人等多种互动方式。这里所指的人,是确定的有个人身份或组织归属的个体或群体,不包含大众传播中以机构名义出现的传播主体和面对的具有不确定性的一般大众。其次,取"Communication"词源的共通之意,译为"沟通",如前文所述,"沟通"更侧重于传受双方的信息互动和共通效果的达成。在人际交流中,由于传受双方的确定性,相关实践和研究更多讲求信息传播的双向性及意义的共通性的达成,所以对应译为"沟通"。综上所述,人际沟通则可以理解为:人与人之间在不同场景中,运用自身感官或通信媒介,以实现互动和沟通为目的,进行的言语的或非言语的信息创造和分享意义的过程。包括两人之间、一人对多人、多人对一人、多人对多人等多种互动方式。这个概念表述侧重于对信息传达和沟通过程中人与

---

[1] 鲁曙明.沟通交际学[M].北京:中国人民大学出版社,2008:前言 1.
[2] 张国良.新闻事业=大众传播吗?[J].新闻大学,1985(10):41-42.

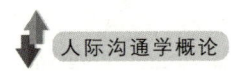

人之间的互动机制的探求。人际沟通研究始于现实需求,在家庭、职场和社区,人际沟通的实践处处可见:个体间人际沟通、团体内部成员沟通、公众演讲、网络人际沟通,等等。关于人际沟通中的传播符号特征、人际关系的建立、沟通障碍的处理等大量问题都成为研究的课题。

三、广义人际沟通与狭义人际沟通

在此,还要提到人际沟通的广义与狭义之分。国内多数研究者将沟通研究领域中的"Interpersonal Communication"译为人际沟通/传播。在西方传播学研究语境中,Interpersonal Communication 通常是指"发生在建立了某种人际关系的两个个体之间的互动沟通,两者以某种方式发生互动"[①]。"这种两人之间的人际沟通也可以称为双人互动型人际沟通,朋友之间说笑话,学生和教授讨论问题,爱人之间表达爱意都是双方沟通行为。比起其他沟通方式,双人互动型人际沟通的特征是:直接的、个人的、具有即时可感性和非正式性。"[②]如笔者前文所述,"Human Communication"对应的人际沟通概念是包含多种人与人之间的关系的,可以说是广义的人际沟通概念。双人互动型人际沟通(Interpersonal Communication)是其中最基础的人与人之间的互动方式,所以"Interpersonal Communication"对应的是狭义的人际沟通概念,为便于区分,笔者以双人互动型人际沟通概念来替代。

[①] 德维托. 人际传播 10 版. 英文影印版. 北京:北京大学出版社,2007:4.
[②] TRENHOLM. Thinking through communication: An introduction to the study of human communication[M]. 5th ed. New York: Pearson Education Inc, 2008:141.

第二节　人类沟通行为的发展

一、语言文字产生之前：以非言语沟通为主

考古学研究发现,人类是由类人猿进化而来的。森林古猿生活在2 300万年到1 800万年以前,直立猿人出现在约300万年以前,我国发现的元谋猿人、蓝田猿人和北京猿人,生存在距今200万年至50万年之间。在复杂精细的表意符号——语言文字产生之前,人类祖先经过了漫长的发展历程,人类沟通行为与动物沟通行为还没有本质的区别。人们通过大量的语言符号以外的形式来表情达意,包括人的肢体动作、表情和图画、实物等中介物,这些沟通行为称作非言语沟通行为,非言语沟通行为源于动物的本能反应,是依靠人的身体器官和外在中介物传递本能反应和基本思想情感的方式,是人类最基本的信息传播方式。

（一）利用肢体动作、表情传递信息

人的眼、耳、鼻、肢体等直接接触外部世界,不同的器官感知不同的外界信息,最终形成对外部环境的综合感知信息;人从外界感知信息后产生的喜、怒、哀、乐等情绪反应也再次通过身体器官等进行表达,单纯的非言语沟通行为源于动物的本能反应,是生物个体对外界刺激的应激行为的衍生,这种应激行为产生于动物的生存、繁衍、安全等基本需求。比如狼群围攻猎物时龇牙咧嘴表示恐吓,猎物被围攻时四处乱窜表示惊恐。人

由于高度进化,机体构造比较复杂,尤其脑部发达,形成了丰富的情感和思想,非言语沟通行为的表现方式更多样化,传递的信息也更为丰富。很多常用成语描述的就是人利用肢体动作和表情传情达意的状态,比如"手舞足蹈"形容人开心兴奋的状态,"愁眉苦脸"表现人沮丧、消极的情绪。

人的非言语沟通的方式主要包括身体动态、表情、眼神、触摸、交际距离、时间观念、副言语。相关的研究和分析我们将在第四章非言语沟通中详细介绍。

(二)利用图画传递信息

早期人类在利用自然或与自然抗争来获取生产、生活资料的过程中,逐渐开始利用简单的石器或有色矿物材料,用简单的线条和形状描摹生产、生活场景和事物。目前,在世界不同地区都发现了早期人类在洞穴或岩石上的图画遗迹,其最早可追溯到近2万年前的旧石器时代晚期。比较著名的有西班牙的阿尔塔米拉洞窟的岩画、法国的拉斯科洞窟壁画等。岩画在中国的分布地区也比较广泛,内蒙古、新疆、宁夏、甘肃、青海、四川、云南、广西、西藏、江苏、福建等地,都大量存在着新石器时期的原始岩画。原始岩画的内容比较常见的有动物、植物、狩猎场景,还有一些不知其意的符号等。有些岩画图案是原始部落的图腾符号,形成早期的图腾崇拜。图腾崇拜被视为原始宗教的发端、宗教艺术之起点。早期的岩画形象简洁、生动,呈现出鲜明的抽象化和符号化特征,被认为是早期象形文字的雏形。

例:拉斯科洞窟壁画

拉斯科洞窟位于法国多尔多涅省蒙尼克镇附近,是韦泽尔峡谷中的一座洞窟。韦泽尔峡谷包括147个旧石器时代的史前遗址和25个内有壁画的洞穴。无论是从民族学、人类学还是美学角度来看,这里都非常令人感兴趣,因为这里的壁画,特别是1940年发现的拉斯科洞窟壁画,对研究人类史前艺术史有着非常重要的意义。壁画中的打猎场面有约100种动物形象,描绘细致,色彩丰富,栩栩如生,被誉为"史前的卢浮宫"。拉斯科洞窟因石灰岩缝隙水流的浸透,在地质年代的第三纪形成大型的岩洞。它由一条长长的、宽狭不等的通道组成,里面装饰着大约1 500个岩刻和600幅绘画,有红、黄、棕和黑等多种颜色,还有一些意义不明的圆点和几何图形。洞窟绝大多数的壁画作品绘于约公元前1.5万年。[①]

图1-1 拉斯科洞窟壁画

---

① 拉斯科洞窟[EB/OL].[2018-06-03]. https://baike.baidu.com/item/拉斯科洞窟/10187241? fr=aladdin.

(三)利用实物传递信息

利用实物来传递的信息既有个体之间的交流信息,也有群体之间具有某种社会功能的信息。个体之间利用实物传达情感性信息较多,表达形式比较多样,一朵鲜花可以表达喜爱之情,一枚野果也可以表达亲爱之意。而群体之间通过实物传达的具有某种社会功能的信息则具有约定俗成性和规制性,例如结绳记事,就是文字发明前人们所使用的一种记事(计数)方法,即根据事件的性质、规模或所涉数量的不同结系出不同的绳结,上古时期的中国及秘鲁印第安人皆有此习惯,在此,绳结具有记录历史的功能;还有一些民族以贝壳等事物作为物品交换的中介物质,贝壳和其他的常用交换实物之间有约定俗成的交换规则,当时,贝壳这种实物就承担了接近货币的交换中介功能。

非语言符号来源广泛,具有多义性和模糊性的特点,单元信息含量小,适合传达感性信息,对语境依赖性较强。语言文字产生以后,非言语沟通作为辅助形式,和言语沟通行为一起承担着传播信息的功能。

二、语言文字产生后:以言语沟通为主,非言语沟通为辅

(一)语言文字成为传播信息的主要方式

关于人类语言的起源有多种看法和推测,例如,施拉姆在《传播学概论》中就列举了好几种猜测,一种是"汪汪"理论,认为语言是通过模仿自然声音而形成的;一种是"感叹"理论,认为讲话是由偶然地表达感觉或情感所产生;还有一种"唱歌"理论,认为语言是从传播感情或欢庆事件的原

始歌声中演化而来的;……① 被广为接受的是恩格斯的观点:语言是伴随着人类的劳动历史过程而逐渐产生的。劳动提出了产生语言的社会需要;为语言的产生提供了心理和生理上的条件。两河流域苏美尔人创造的楔形文字是世界上最早的文字,出现在距今5 000至6 000年前;中国发现最早的文字是商代的甲骨文,距今大约3 000年。

语言是人类思维的外在产物。人类在漫长的进化过程中,在劳动和社群生活中,交流的信息量越来越大,内容越来越复杂和抽象。非语言符号的多义性、模糊性和语境依赖性已不能适应大容量的准确传播信息的需要。随着人类直立行走后上肢的解放,人手的精细化劳动能力得到提升,人类相继发明了石器、陶器、金属工具等劳动工具。精细化劳动促进人类思维能力的不断进步,最终,思维的外在产物——语言文字诞生了。词汇指代了具象化和抽象化事物,语法、语篇结构承载了思维中的逻辑性、条理性的信息链条。相对准确地传播大容量复杂信息通过语言文字得以实现。语言文字成了人类社会最重要的信息传播方式,几乎覆盖了社会生活的各个方面。

1. 语言文字是日常信息的主要承载方式

人们在日常生活、学习和工作中,处处需要与人沟通,从家庭成员之间的聊天到职场的商务会谈,从课堂学习中的师生互动到就诊中的医患交流,交流和沟通无处不在。在文明社会中,语言文字是说服他人、影响他人行为的最重要工具。如果一个社会的教育没有提高学生的语言文字运用能力,就不能算作完整或成功的教育。

---

① 郭庆光.传播学教程[M].北京:中国人民大学出版社,1999:26.

2. 语言文字是历史事件的主要记载方式

人类一直采用语言文字记录氏族、民族、某个地区或国家的历史,形成历史典籍,西方有著名的《希腊波斯战争史》《罗马史》《汉谟拉比法典》等;东方有不朽的《春秋》《史记》《资治通鉴》等。在不同历史时期,国家一般都按不同的行政区划设有专门的部门,负责地方志的搜集、整理和撰写工作。民间还有大量口耳相传的历史叙事诗,有的已被及时地整理成文字。语言文字使历史的经验和教训得以保留,伟人的功勋被传颂,成为人类社会的珍贵遗产。

3. 语言文字是文学艺术作品的主要记载方式

文学艺术作品是人类以审美方式记载外在世界和内在精神世界的方式,文学创作种类丰富,有诗歌、散文、小说等多种体裁,话剧、相声、小品等以口语为主的艺术形式也深得民众的喜爱。文学家、艺术家们在创作中丰富了语言文字的表现形式和内涵,也表现出人类对真、善、美的共同向往和不同创作个体各具风格的语言表达方式。优秀经典的文学艺术作品凝练了民族精神和文化遗产,并通过语言文字得以传承。通过阅读经典文学作品,人们可以培育高尚的道德情操,提升个人审美能力,也在潜移默化中将民族精神内蕴于生产、生活和交流方式之中,使文化得以传承。

4. 语言文字是传媒机构传播新闻信息的主要载体

传媒机构是从事新闻信息的搜集、调查并面向大众发布的专业信息传播机构,其职业传播行为具有严谨性、严肃性和权威性的特点,传媒机构的信息传播也主要以语言文字为载体。在印刷媒介时代,纸媒体以书面文字为主传播信息;在电子媒介时代,广播以口语为主、电视以图像视听符号为主,同时综合口语和文字信息。在融媒体的新传播环境下,出现了图文综合、静态和动态视听符号综合的信息传播形态,信息表现形态更多元,但是,语言文字仍是最基本的信息承载体。

(二)非言语沟通继续发挥重要传播作用

1. 源于人类本能的非言语沟通方式辅助言语传播传递综合信息

源于人类本能的非言语沟通方式主要是人伴随感情变化出现的体姿、表情和动作。在各种沟通场景中,尤其是面对面的谈话中,这些非言语传播方式往往与人的言谈同步出现,交谈者根据这些非言语信号判断说话者的心理、情绪和情感变化。

2. 人为创制的视觉、实物型非言语沟通方式传递丰富信息

在当代社会中,视觉(如图片、图形、信息图形、动画、视频等)在传播沟通中具有重要作用,视觉特效的设计和使用可能决定当代社会许多传播沟通行为的成败。

此外,人们继续使用人工制品进行交流,比如戒指、耳环、手表、手镯、发饰等。人工制品可以传递各种信息,如个性、审美情趣、财富和社会地位等。

3. 人为创制的仪式化非言语沟通方式体现文化的多样性

随着人类文明的发展,人为创制的仪式化非言语沟通方式也不断出现,常见的有表达日常情感的问候礼仪、表达某种重大纪念意义的仪式活动、寄托信仰的宗教仪式活动等。这些非言语沟通方式往往以区域、民族、国家、信仰团体等人类群体为单位,产生的根源不尽相同。比如,一些原始氏族中普遍存在祭拜神明的仪式,这是人类在艰苦的自然条件下的生产劳动实践中,形成的对自然力量的崇拜和对获取生活资源的渴望。而由古代皇家所创立的某种仪式活动,鲜明地传达出统治阶层的统治理念。某些行业团体形成的祭拜祖师爷的仪式,又暗含着对勤劳、智慧的人类精神财富的继承之意。这些来自不同群体的非言语沟通方式,尽管外在表现不同,但都具有体系化、仪式化的特征。其中的仪式过程、仪式中的符号都承载着一系列特定的含义,体现出人类文化的多样性。

第三节 人际沟通学的研究对象

研究人际沟通的意义在于通过对人际沟通行为内在一般规律的探寻,提高人们在实际生活中的交流沟通能力。在人类社会交往日益频繁的当今社会,家庭、职场、各种小团体之间以及跨文化人群之间的沟通交流活动无处不在。人际沟通能力是人认识自身、认识他人,与外在社会建立密切联系的基本能力。人际沟通是信息通过某种渠道在传播者和接收者之间流动的过程,在这个过程中存在七种要素,它们共同发生作用并互相产生影响。这七种要素分别为:传—受者、信息、渠道、编码与解码、噪音、反馈和环境。人际沟通学的研究对象就是人际沟通过程中的各要素以及各要素之间的相互作用规律。

一、人际沟通过程中的要素

(一)传—受者

人们参与人际沟通是因为他们的信息(思想观点或情感)需要与他人

分享。这个过程中既有信息的发送者也有信息的接收者,发送信息者称为传者,接收信息者称为受者。这种过程不是一个人只发送信息而另一个人只接收的单向过程,而是一个不断循环的过程,也就是参与沟通的双方既是传者又是受者。在大多数情况下,人们同时接收信息和发送信息,所以我们把参与言语沟通分享信息的人称为传—受者。例如,一个孩子在放学路上遭遇劫匪,他被抢去身上所有的钱并被打了一顿。当他回家向妈妈哭诉经过时,妈妈一边听一边心疼地抚摸孩子,并对孩子说:"孩子别怕,有妈妈在。"听到妈妈安慰的话,孩子抱住妈妈,渐渐止住了哭泣。在这个过程中,孩子首先发出信息(哭诉经过),但同时他接收到妈妈的信息(安慰的话和抚摸);妈妈也一样,先接收信息(孩子哭诉经过),但同时她也发出了信息(说安慰的话和抚摸孩子)。多数人际沟通中的参与者都是类似的情况,不断循环着发出信息和接收信息。

(二)信息

信息指传—受者与他人分享的思想观点和情感。在人际沟通中,信息是以符号化的方式表现出来的。所谓符号,是指代一定意义的意象,可以是图形图像、文字组合,也可以是声音信号、建筑造型等。在人际沟通中,信息主要用两种符号来表现:语言符号和非语言符号。

作为语言符号来说,有用于指代有形可见的客观事物的具象化词语,比较容易感知;而用于指代人类高级情感和思想的抽象化词语,例如"爱",对这类词语的传达和接收会因个体的经历、教育、文化背景等差异而有所不同,所以可能会造成信息分享过程中的曲解、误读等障碍。作为非语言符号来说,人类大部分自发性的非语言符号是不受经历、教育、文化背景等影响的。例如,人们喜则笑、悲则泣。但是,一些由人为因素形成的非语言

符号往往是一些地域文化、民族文化的体现。例如婚典习俗,中国传统文化中常用红色代表喜庆,而西方文化偏好白色,代表圣洁;在问候礼中,印度人因宗教信仰因素会行双手合十礼,而在有些原始部落中,会互相碰鼻子表示问候。

(三)渠道

在人际沟通过程中,渠道就是信息到达传—受者的途径。一般分为直接途径和间接途径。直接途径指人们在面对面交流的情况下,信息通过传者的口、手等部位发出并诉诸受者的听觉、视觉、触觉等,使人们听到他人的话语,看到或感知他人的非言语信息。间接途径指人们在非面对面交流的情况下,通过某种介质听到或感知他人传播的信息。例如,大众传媒凭借纸张、电波、电信号以及光电信号等介质传播信息。

不同的沟通渠道对沟通效果有不同的影响。相对来说,直接途径传播的信息最直观、全面;间接途径传播的信息有时会因传播介质的差异而不够全面。例如,纸质介质传递的信息大部分是书面文字信息,缺乏动态,缺乏诉诸听觉的信息。

(四)编码与解码

传者将自己的思想、感情传递给他人时,首先要把它们编成有意义的语言符号信息或非语言符号信息,这个过程叫作编码。反之,受者在接收他人传来的编码信息后,要把这些符号信息再转换成某种思想、感情,这个过程叫作解码。受者的解码信息未必会和传者的编码信息一致,有时甚至会发生信息误读、错读现象。尤其当传者表达不够充分、准确时,或传者和受者存在较大差异时(教育背景、生活经历、地域文化、语言习惯等),信息误读、错读情况时有发生。例如,一些非裔美国人会使用"get out"表达怀疑惊讶之意,但是,如果交流对象照字面意思理解,那就是含有敌意的"滚出去"。

(五)噪音

噪音是在编码和解码的过程中,影响信息有效传达的因素。噪音可以分为三种类型。第一种是外部因素噪音,它来源于传—受者所处的外部环境。比如,传播环境中巨大的嘈杂声影响传—受者的听觉,弥漫的烟雾影响传—受者的视觉和注意力,等等。第二种是生理因素噪音,它来自传—受者某种特殊的生理状况。例如,生病影响传者说话的清晰度,疲劳导致受者缺乏足够的反馈等。第三种是心理因素噪音,它来自传—受者内心的态度情绪等。例如,当一个人情绪沮丧时,别人跟他打招呼,他可能毫无反应;一个性格非常敏感的人,在别人关心他时,可能会认为只不过是怜悯他。

(六)反馈

反馈指受者对传者发出的信息的回应信息。回应信息很重要,它使得传者获知自己发出的信息是否被接收,并且可以根据反馈判断自己发出的信息有没有被正确理解,或者引发了受者何种反应,为进一步交流创造基础。例如,公安人员审讯犯罪嫌疑人,刚开始用严厉的语气询问犯罪过程,但犯罪嫌疑人拒不交代;于是,公安人员改用劝说的口吻,比如希望犯罪嫌疑人主动坦白,减少亲人的牵挂等。

(七)环境

在人际沟通过程中,环境可分为有形环境和无形环境。有形环境指人际沟通发生时所在的物理场所的状况。空间大小、光线、家具摆设、传—受者的座位设定等都是有形环境中的重要因素,这些都或多或少对沟通效果产生影响。"花前月下"就是中国传统文化中对适合谈情说爱的浪漫环境的描述。无形环境指沟通者所处的背景环境,包括宏观的社会制度、文化习俗,微观的个体成长经历背景和教育背景。无形环境潜移默化地形塑一个人的思维习惯、价值观和个性特质,并最终决定一个人与他人沟通的言行内容和言行方式。

二、人际沟通诸要素之间的关系

人际沟通的过程,就是沟通中各要素之间形成的相互关系的呈现过程,我们可以用图1-2来模拟人际沟通的过程。

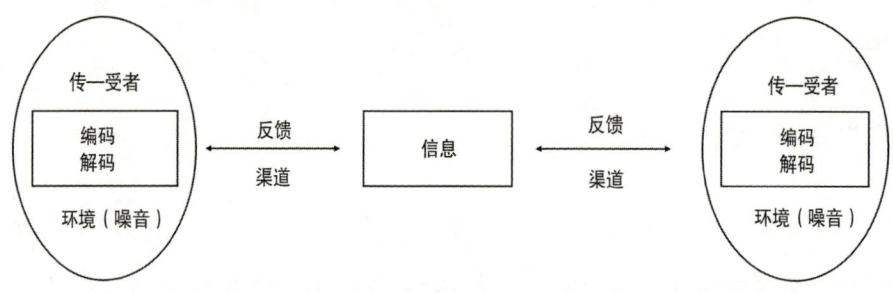

图1-2　人际沟通过程图

(一)综合作用关系

通过人际沟通过程图我们可以看出,人际沟通是由传—受者、信息、渠道、编码与解码、噪音、反馈和环境诸要素构成的一个多环节过程,这个过程中的诸要素是综合作用、相互关联的。人际沟通的核心行为是人与人之间的信息传送和反馈。首先,要依赖交流者对承载信息的符号的基本规则的认识和运用;其次,信息符号的交流需要借助具体的沟通渠道,交流者需要根据沟通目的选择沟通渠道;最后,所有的沟通行为都存在于具体的环境中,有的还受到噪音的影响。在大多数情况下,环境的改变会使沟通的效果发生改变。例如,当媒体记者在当事人所熟悉的环境中采访时,当事人一般比较放松;而将当事人邀请到演播室采访时,由于不适应摄像机、灯光等设施,当事人的说话状态可能会变得紧张、拘谨。无形环境的差异,是造成跨文化冲突、种族歧视等沟通障碍的重要原因。人际沟通学结合不同语境研究人际沟通诸要素是如何综合发生作用的,探索如何形成各要素间的协同作用,尽量排除各要素间的不利因素,以实现有效沟通。

(二)互动作用关系

通过人际沟通过程图我们可以看出,人际沟通是由传—受者、信息、渠道、编码与解码、噪音、反馈和环境诸要素构成的一个互动过程。在这个过程中,传者将自己的思想情感用语言和非语言符号组织成具有连贯含义的信息,通过面对面、书信、网络等渠道送达受者;受者经过自己内在的知识储备和生活、教育等背景解读传者的信息,同时基于自己的态度情感,再以符号的方式组织信息,反馈给传者,此时受者转换为新一轮的传者,表达自己解读的含义及相应的情感态度。所谓沟通,就是一种在交流对象之间保持的信息的多轮交换互动关系,交流对象之间既传播信息又反馈信息,互为传者和受者。交流对象之间的有效沟通取决于双方信息表达的充分性和适用性、解读的准确性和包容性。

第四节 人际沟通的语境

人际沟通发生于不同的语境中。因沟通者数量、沟通手段、沟通技术、沟通背景等差别,语境主要分为以下五种:基础人际沟通(双人互动型人际沟通)、团体人际沟通、公众演讲、跨文化人际沟通和网络人际沟通。语境会影响沟通者对人际沟通方式的选择(语言或非语言符号)。

一、基础人际沟通

图1-3　夫妻安享休闲时光

基础人际沟通是个体双方之间运用语言和非语言符号进行信息交流和互动并形成持续的人际关系的人类传播行为,也可称为双人互动型人际沟通。这种最基本的人际沟通方式广泛地存在于人们的日常生活、工作中,更多用于非正式场合。

在这种交流过程中,人们使用最普遍的就是言语沟通方式。人们通过交谈,获取或交换周边的政治、经济、生活常识等信息,了解他人的思想观点、情感态度,创建或维系与他人的各种关系(同事关系、情侣关系、师生关系等)。并通过这些关系,获得信息、交流情感、提供或获得帮助、获得社会生活必需的种种能力。可以说,缺乏基础人际沟通,人们就割裂了与社会群体的种种关系,失去了许多信息源,就成了群体中的"孤岛"。

二、团体人际沟通

本书中涉及的"团体",特指由三到十几个成员构成的、为了完成长期的工作目标或临时任务而组成的功能性小组,其成员有共同的信念目标或任务,领导需要具备组织协调能力,成员之间需要密切沟通,相互协作,以完成共同的任务或实现共同的目标。

图1-4　陕西师范大学学生团体合作拍摄纪录片

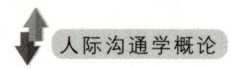

在这个语境中,团体成员间的信息互动呈现多样化特点,既有一点对一点的基础人际沟通,还有一点对多点、多点对一点的人与人之间的沟通。很多调查表明团体人际沟通在社会中的重要性。科尔(Cole)的报告测算企业的负责人大约要花一半的时间用于小组商务会议;还有研究显示,团队工作能力是获得个人成功和职业成功最重要的沟通能力之一。[1]

三、公众演讲

公众演讲是演讲者面对特定公众,以口头语言为主要形式、非口头语言为辅助形式,传达信息或发表观点的一种传播行为。公众演讲是面对公众的,因而与关乎社会群体利益的政治生活紧密相连。在西方社会,演讲的发展历史非常悠久,在古希腊和古罗马的政治生活中,演讲具有极其重要的作用。人们在公民大会、议事会、陪审法庭等政治机构或议政组织中通过辩论、演讲等方式参与政治事务的讨论和表决,优秀的政治领袖往往是杰出的演讲者和雄辩家。中国的春秋战国时期,演讲活动和思想争鸣蓬勃发展,许多思想家周游列国宣传自己的施政理念。在当今时代,演讲仍是政治活动的一种重要形式。美国历届总统的大选中最吸引民众的就是候选者的政治演讲,人们通过政治家的演讲来了解其施政纲领和个性特征,政治家的演讲一般都有专门的团队策划内容和形态。此外,在一般性的公众事务中,演讲也是宣传理念、推广经验、号召民众甚至推销产品的重要手段。好的演讲者往往会成为典型的意见领袖,在解决公众事务中发挥重要作用。

---

[1] PEARSON, NELSON, TITSWORTH, et al. Human communication [M]. New York: McGraw-Hill, 2003: 266.

图 1-5　青年励志演讲

四、跨文化人际沟通

文化是一个群体中的人们共同创造并且分享和拥有的价值观、信念、习俗、社会和政治关系。共同的地理区域、历史、语言、宗教或社会阶层等促使拥有共同文化的群体产生,基于这些不同的因素,文化呈现不同的圈层,圈层之间互相交织。共同的文化圈层中的个体体现出趋同的世界观、价值观和思维方式,从而使其言行举止也具有某种共性。群体的文化共性又形成一种强大的习惯势力,不断强化群体内部的共同理念和核心价值并形成凝聚力,文化由此得以传承。

图 1-6　不同国别的艺术家愉快地交流艺术心得

随着经济和技术的发展,国家之间、各种团体之间、个人之间的交流越来越频繁,在表面交流的背后,是不同的文化之间的交流。不同的文化在世界观、价值观方面既有共性,又有特性,有的甚至有冲突,由此,不同文化背景的人们在人际沟通中易产生文化困惑、文化冲突等问题。如何认识文化差异,如何实现文化理解与认同,如何达到跨文化人际沟通的和谐状态,在信息社会意义重大,跨文化人际沟通也成为重要的人际沟通语境。

五、网络人际沟通

把网络人际沟通作为单独探讨的一种人际沟通的语境,是因为随着网络技术的普及,使用网络已经成为人们的日常。网络具有使用便捷、交

图 1-7 微信成为当今中国人常用的人际沟通工具

互性强、信息量大等优势,通过网络传播信息,不仅是各实体机构、媒体通常使用的手段,更成为越来越多个体信息交流的首选。

　　网络信息的首要传播方式依然是言语沟通,但是由于网络的即时性、视听综合性强等特征,网络人际沟通也具有其独特之处。例如,即时聊天功能的开发,使得网络聊天虽然大部分情况下以书面语形式进行,但这种书面语呈现出明显的口语化倾向;人们为了追求快捷或娱乐,将同音(或谐音)不同义的词语混用,并产生广泛替代使用的现象,如"同学"被"童鞋"替代;为充分表达感情,人们在书面语对话中还经常使用表情符号,模拟面对面谈话时非言语传播的表达效果;此外,图形和视频等形式越来越多地用于沟通中,制作热点话题人物和周边亲友的表情包成了表达情绪的一种常用手段。

第五节　东西方研究历程简介

一、西方的研究历程

在西方,人际沟通学是传播学的重要研究领域,目前在欧美国家,大部分传播学院系都设有该领域的专业课程。该学科的发展在西方大致分为四个阶段。

(一)古典时期(公元前 500 年—公元 400 年)[①]

传播行为最早起源于人类的交流行为和交流符号的发展。在古代埃及、印度、中国等古老文明中,几千年前就有了文字记载和传播的历史,而沟通学的真正发展主要起源于古希腊的"修辞学"(Rhetoric)。

公元前 5 世纪,由于古希腊的民主政治的发展,法庭辩论和政治演讲成为解决公民事务的重要手段。于是,一些早期研究者纷纷致力于研究和教授人们在公众场合辩论并说服别人的修辞学。古希腊修辞学家可分为三大派:智者派或诡辩派、柏拉图派和亚里士多德派。开始系统地研究语言效用的两位说辩家是来自意大利西西里岛的科拉克斯(Corax)和来自塞瑞克斯市的蒂西亚斯(Tisias),他们创建了修辞学,将论辩实践整理归纳形成理论,用以更好地指导法律辩护。随后,在雅典出现了一批一边从事演讲实践一边教授修辞学的智者派,代表性人物有普罗塔哥拉斯和

---

① 从莱庭,徐鲁亚.西方修辞学[M].上海:上海外语教育出版社,2007:16-29.

高尔吉亚,智者派是相对论者,认为道德不是普遍的、绝对的,而是由文化或社会决定的,突出对各种演讲技巧的掌握。柏拉图(Plato)认为智者派的演讲实践对社会伦理道德的构建充满危害,撰写了《费德鲁斯》(*Phaedrus*),阐述演讲必须为捍卫真理和维护正义服务。亚里士多德(Aristotle)是西方古典修辞学最著名的一位修辞学家,他所著的《修辞学》(*Rhetoric*)为西方古典修辞学奠定了理论基础。在这部著作中,他将修辞学界定为"对任何已知情况下的有用的劝说方式进行观察的能力",并对修辞学体系的原则进行一系列三分法描述。在真理与演讲技巧问题上,他与苏格拉底、柏拉图持相似主张,但他很强调技巧的辅助作用。亚里士多德还把演讲的准备分成五个步骤,即觅材取材(invention)、布局谋篇(arrangement)、文体风格(elocution)、记忆(memory)、演讲(action or pronunciation),这五个步骤一直是西方传统修辞学的核心。古罗马的西塞罗(Cicero)和昆提利安(Quintilian)也是古典时期研究修辞学的代表人物。西塞罗是把修辞学拉丁化的先驱之一,他在著作中突出强调的是修辞学与政治的关系,还把修辞学与自由民主政体密切联系了起来。在西塞罗时代,亚里士多德的演讲的五个步骤被称为修辞五艺(the five "offices"),西塞罗又进行了详细阐述。从西塞罗时代以后,修辞五艺不仅用于演讲,还用于诗歌、戏剧等几乎一切语言产品。这样,修辞的功能似乎变成了话语的系统生产。

古希腊—古罗马时期是欧洲古典文化极其辉煌、灿烂的时期,西方修辞学就是诞生、成长在这个时期。古希腊时期已经形成修辞学的基本理论体系,古罗马时期的众多修辞学家不仅继承了古希腊时期的修辞传统,还逐渐把修辞用于文学创作(literary creation),修辞成了一种生产技艺(productive art)。在古希腊、古罗马,修辞学被看作理想的文明社会高等教育的中心内容。

(二)中世纪至文艺复兴时期(公元400年—公元1600年)

到了中世纪,由于教会力量的控制,修辞学理论并没有更多发展,但修辞学逐渐从原来的演讲技巧扩展到文法、诗词、写作、教会证道及逻辑等方面。

(三)工业文明时期(公元1600年—公元1900年)

随着工业文明的发展,报纸、杂志等印刷媒介开始普及,学者们对口头辞辩的研究也慢慢转为对写作辞辩的研究。到17世纪初期,由于受到科学、哲学、心理学等各种新知识的冲击,修辞学在英国及欧洲大陆的发展形成下面四种趋势:在写作中发扬古典修辞学的"新古典主义"(Neo-classicism),将修辞学与诗词、戏剧、哲学写作结合在一起的"纯文学派"(Belles Lettres),从人的自然本性探讨表达行为的"心理认知学派"(the Psychological/Epistemological School)和强调修辞五大要素中口头表达技巧的"演讲术派"(the Elocutionists)。①

(四)当代(公元1900年至今)

在这一时期,随着社会科学的不断发展,传统的侧重人文方法的修辞研究逐渐和偏重科学方法的实证研究相融合,迈向了广义的传播学研究范畴。如在美国,这个领域的发展经历了以下过程:1914年,美国从事公众演讲的教师自组全美演讲教师学会(the National Association of Academic Teachers of Public Speaking);其后,该学会于1946年易名为全美

---

① 马成龙.传播学在美国的发展:从SCA易名为NCA谈起[J].新闻学研究,1999(58):245-256.

言语学会(Speech Association of America),在这个过程中,演讲学与其他口头表达学科结合,形成了包容性很强的言语(Speech)研究领域;与传播研究相关领域的整合是在1970年,该学会再次易名为言语传播学会(Speech Communication Association)[1],一些大学的言语系与新闻系都由于吸收了传播研究成果而对自身加以调整。修辞课程被融入极具包容性的言语传播课程内,而修辞也渐渐被当成传播研究方法的一种。例如,修辞分析批判方法就曾被用在公共关系、组织传播以及跨文化传播的研究中。在这几个整合过程中,来自社会学、心理学、病理学领域的学者将更多的研究课题和研究手段不断融入传播学的研究范畴中,其中,基础人际沟通(Interpersonal Communication)的研究取得较快发展,到1970年代,人际沟通取得了传播学的分支学科的地位。人际沟通研究起源于20世纪20年代的芝加哥学派,该学派的研究者罗伯特·E.帕克(Robert Ezra Park)、查尔斯·霍顿·库利(Charles Horton Cooley)等人把人际沟通看作形成人类社会的必要条件;以人类学家格雷戈里·贝特森(Gregory Bateson)和精神病学家保罗·沃茨劳维克(Paul Watzlawick)为代表的帕洛阿尔托学派提出"关系传播"理论和"传播的五个公理";以霍夫兰(Hovland)为代表的耶鲁学派和以费斯汀格(Festinger)为代表的社会心理学派进行了与大众传播混杂的"态度与说服研究";人类学家爱德华·霍尔(Edward Hall)着眼于对时间、空间等非语言符号的运用规律的研究,解析不同文化中人们交往行为的差异和跨文化冲突的原因;心理学家海德(Heider)的归因理论与社会学家戈夫曼(Goffman)对人际互动的观察与分析,都提供了许多研究方向。

---

[1] PHILIPSEN. The early career rise of 'Speech' in some disciplinary discourse,1914—1946[J]. Quarterly Journal of Speech,2007(3):352-353.

随着传播研究的不断深入,最终,言语传播学会(Speech Communication Association)于 1998 年易名为全美传播学会(National Communication Association)。① 目前,言语传播研究被扩展为广义的人际沟通学研究(Human Communication),主要研究人类通过语言、非语言等多种符号系统进行信息交流的规律,超过了以往修辞学主要研究的语言符号系统,信息交流互通也取代了早期修辞学的"说服"功能。进入 21 世纪以来,随着国际交流的增加和网络技术的飞速发展,跨文化沟通、基于媒介技术的沟通成为研究的焦点。由于研究范围扩大、研究现象更复杂,研究方法既有传统的历史分析和修辞批判方法,也包括实验和测试等量化研究和着眼于社会权力关系的批判研究,人际沟通学研究取得了深入发展。

二、中国的研究历程

在我国,尽管儒、释、道的哲学思想潜移默化地引导人们形成人际交往的基本伦理和处事原则,人际沟通现象也是工作和生活中人们关注的问题,但是并没有形成关于人际沟通学的体系化研究,与沟通学相关的学术思想大部分来源于西方理论。一部分学者的著作以推介和述评西方沟通学的基本研究范畴和研究方法为主,自 20 世纪八九十年代以来,国内陆续翻译了 Interpersonal Communicationl 研究领域的经典著作,代表学者有王怡红、殷晓蓉等。但是对于该学术概念的中文表述,存在较大差异。有的着眼于人际交往中体现的互动性,命名为"沟通交际学"(如鲁曙明);有的着眼于沟通学在西方发展的口头辞辩源头,命名为"言语沟通

---

① PHILIPSEN. The early career rise of 'Speech' in some disciplinary discourse,1914—1946[J]. Quarterly Journal of Speech,2007(3):352-353.

学"(如吕行)或"口语传播"(如秦琍琍、李佩雯、蔡鸿滨)。由于语言产生后成为人类传递信息的最主要手段,本土研究者主要将人的交际行为的研究重点放在语言符号的交际功能方面,当代更是产生了一些以"言语交际学"等名称命名的著作。在我国,关于人与人之间的沟通交际的研究虽然可以追溯至先秦时期,但是,由于社会政治经济形势的变化及文化传统的影响,研究的过程也起伏跌宕。

(一)短暂的繁荣时期(公元前770年—公元前221年)

春秋战国时期,政治动荡,出现了百家争鸣局面,许多思想家、智者都纷纷传播自己的政治见解,使关于口语、辩说的研究盛极一时,这与西方社会人际沟通的起源是一样的,学者们通常表述为语言交际研究。这一时期的研究多集中在语言沟通的说服与社会人伦关系的构建方面,但没有产生系统化论述。颇有影响的人物有孔子、荀子、庄子、孟子、墨子、韩非子等。孔子关于语言交际理论的见解大多散见于《论语》等著作中,荀子对语言交际的对象、内容、方法及其与环境的关系等问题也进行了较为详尽的论述。庄子、孟子、墨子、韩非子等对语言交际的技巧也都有所论述。① 虽然这些研究都是零散的、非系统性的,但学术、政见思想的自由带来了语言交际研究的兴盛。

(二)衰落时期(公元前221年—公元1912年)

秦朝之后直到清朝灭亡,各朝代都有人进行关于言语交际的研究,但整体成果不多。汉武帝时期采用"罢黜百家,独尊儒术"的统治政策之后,儒家思想成为唯一的正统思想,学术思想的自由交流传播不复存在,长期

---

① 于根元.应用语言学概论[M].北京:商务印书馆,2003:246-247.

的封建专制统治限制了人际交往;以农耕为主的小农经济也使行业和地域之间交往减少;另外,科举制度的形成,加深了人们"重文轻语"的观念,使言语交际能力也不被重视。在整个封建社会时期,沟通研究呈现衰落的趋势。

(三)复兴时期(公元1912年—公元1978年)

近代,我国经历了辛亥革命、五四运动、抗日战争等一系列重大的社会变革和国家民族命运变迁,引发了大规模的宣传鼓动活动。民国时期,在诸多教育界人士的发起和推动下,在政府的多方支持下,旨在面向广大国民的社会教育持续了30多年,其中,启发民智、普及科学知识、宣传新思想的演讲活动大规模兴起,也带动产生了部分教育实践和研究成果。民国初年,教育部设立讲演股,编制讲演内容和讲演机构设置规程。主要内容涉及鼓励爱国、勤勉守法、灌输常识、提倡实业等。教育部规定每省省会设置讲演所四所以上,县治及繁盛市镇须设两所以上,还要求各省试办通俗教育讲演传习所,培养讲演人才,传习科目包括:社会学大意、心理学大意、社会教育概要、雄辩法、世界大势、法制经济大意、讲演实习。[①]浙江、山东等地的通俗讲演教育活动尤其兴盛。杭州的通俗教育讲演所的通俗讲演人员一类为教育界人士,还有一类是说书清唱的演艺人员,规定在书场、茶馆中将讲稿大意穿插于说书清唱中,通过与民间文化结合,很好地普及新思想。民国34年(1945)下半年,杭州市兼办通俗讲演的学校有63所,听讲的达6.88万人次。[②] 20世纪30年代,国民党当局将各地的通俗研究所作为社会教育的主要机关,并发展特设训练班培养演讲

---

① 杨才林."作新民""唤起民众"——民国社会教育研究[D].北京:首都师范大学,2007:172.
② 陈星汉.民国时期的杭州社会教育[C]//中国近现代史史料学学会.中国近代史及史料研究.北京:社会科学文献出版社,2010:290-299.

人员。其中,山东省立民众教育馆不仅举办了大量演讲活动,还产出了一系列文字成果,"编有《通俗讲演专刊》、《讲演设施法》、《通俗讲演设施法》、《通俗讲演稿》、《化装讲演稿》(已出六册)等,并附设讲员训练班,已毕业多次"[①]。

(四)新的繁荣时期(公元 1978 年至今)

20 世纪 80 年代后,随着中国改革开放步伐的加快,经贸等领域的发展促进了人与人之间的交流,侧重于人际沟通中语用操作层面的言语交际的研究得到了新的发展,代表性著作有刘焕辉的《言语交际学》,赵毅、钱为刚的《言语交际》,刘艳春的《语言交际概论》等。

另外,一部分传播学领域的学者致力于译介人际传播研究领域的著作,并结合中国语境开展相关研究。学者王怡红对 1978 年至 2008 年 30 年来中国大陆人际传播研究进行了系统化研究。1978 年至 1987 年,西方人际传播的概念与研究进入大陆,形成引进介绍的第一个阶段。1987 年至 1997 年,大陆人际传播的研究进入了解认识的第二个阶段。在这 10 年间,出版了一批人际传播的著作与译作。1987 年,郑永廷撰写了大陆第一本人际传播著作《人际传播学》。1997 年至 2008 年,大陆人际传播研究进入发展应用阶段。30 年来,大陆人际传播研究文献迅速增加,研究领域不断扩大,教学研究也不断深化,人际传播被视为传播学的重要分支,经历着学科化的发展过程。在此期间,大陆出版了 211 本人际传播图书,361 篇优秀硕士、博士论文,955 篇普通论文。研究者们运用人际传播的概念与视角,研究不同领域中的人际传播问题,研究涉及人际传播基础理论、文化研究、公共关系、语言研究、健康卫生、社会心理、农村传播、

---

① 谷剑尘.民众讲演之史的检讨及其意义与任务[J].教育与民众,1934,5(5):832-834.

组织传播、人际关系、跨文化传播等20多个领域；论题包括人际传播基础研究与概念理解、新媒体研究中的关系、大众传播与人际传播融合互动、农村传播网络与信息传播渠道、突发事件与危机处理中的人际传播、医患关系等。① 近10年来，人际传播研究进入系统深化时期。一部分学者在介绍西方理论时进行学术脉络发展的系统化归纳和思考，代表性的著作有殷晓蓉、刘蒙之、赵高辉等的《社会转型中的演变：当代人际传播理论研究》，胡春阳的《西方人际传播研究的问题系及其由来》等。另一部分在西方接受人际沟通学系统教育的华人学者，一方面介绍西方的成熟理论，代表性著作有鲁曙明主编的《沟通交际学》；另一方面在译介西方理论的基础上，又结合东方哲学观和思维方式，探讨华人社会的沟通现象，探索以东方文化观点研究沟通的研究取向或研究范式，代表性著作有秦琍琍、李佩雯、蔡鸿滨的《口语传播》，吕行的《言语沟通学》等。中国当代社会的结构性变迁和网络技术的发展也为人际传播研究提供了新方向，社会的结构性变迁带来的人际困惑和冲突、网络媒介中的新型人际关系、具有本土文化意识的中国人际关系模式的研究等都成为新的研究课题。

  与大众传播学相比，当代国内人际沟通学研究虽然还不够系统，并且还存在基本概念表述的差异，但是研究者们广泛借鉴了国外的经典理论和研究方法，并且不断探索东方文化的传播思想和研究范式。在当下中国的社会转型期中，市场经济、法制建设正在逐步完善和发展，国际交往增加，城市化进程加快，人际沟通学的重要性不断彰显。从传播学学科发展现状来看，无论对于世界还是对于中国，人际沟通学都是一门需要完善的学科，尤其是不同文化背景下、不同社会情境下的沟通理论的建构需要更多的研究者付出努力。而从一门学科自身发展的历史、内在逻辑和未

---

① 王怡红.中国大陆人际传播研究与问题探讨(1978—2008)[J].新闻与传播研究，2008(5)：2-15.

来方向来看,多角度、多视野的研究,是促成人际沟通学走向成熟与全面的必要条件。抓住这个机遇,推进多角度、多视野、多学科交叉深入进行人际沟通研究,将推动传播学全面发展。

思考题:

1. 请结合实例谈谈你对人际沟通过程中诸要素的认识。
2. 请讲述一个生活中你或他人实施的有效沟通的例子,它对你的生活产生了什么帮助?
3. 请讲述一个生活中发生的沟通障碍的例子,它对你的生活产生了什么影响?如何去除沟通障碍?
4. 请比较自己在三种不同人际关系中沟通行为的差异。

第二章　人际沟通学的研究方法

在社会科学领域中,研究方法主要分为两大派别,即定量方法派和定性方法派,这两大派别在认知论、本体论和价值论方面持不同观点。从研究的广度和深度来看,定量研究以广度见长,定性研究以深度见长;而在理论创建方面,定性研究在推导建立理论方面作出的贡献比较明显。基于人类沟通行为的复杂性,一些混合方法研究派学者将定量与定性研究相结合,进行优势互补,综合运用于研究中。

第一节　传播研究中的哲学视角

哲学作为一个原则处理知识和现实的问题。哲学探讨在各行各业的知识生成中使用的论证的基本假设和方法。传播研究中的哲学视角决定了研究者采用的研究方法。哲学的考察涉及诸如应该观察什么,观察应该如何实施,应该使用什么形式的理论等根本性问题,也构成了传播学研究中的元理论问题,可以分为三个基本层面:认知论(epistemology)、本体论(ontology)和价值论(axiology)。在这些层面上的不同哲学视角导致具体研究方法的差异。人际沟通学作为传播学的一个分支,整体都以传播学元理论作为研究方法的根本指导。

一、认知论

认知论探讨知识的本质问题和求知者与被知者的关系问题。由于传播学涉及多种学科并导致研究和理论上的思想分歧,认知问题在这一领域很重要。学者实施调查和建构理论的方式很大程度上依赖于他们的认知假设,这些假设基于一些对知识本质的基本问题的认识,诸如在经验之前,知识在多大范围存在?知识在多大范围是确定的?知识以怎样的过程出现?等等。

认知假设的基本立场差异形成了不同的世界观,主要有两大对立的世界观。第一种世界观通常被称为接受型世界观,基于经验论者和理性论者的观点。它将现实与人类截然分开,把现实看作独立于人自身之外的客观事物,世界等待研究者去发现,调查者被要求去解释应用于观察实践的精确操作过程。持接受型世界观的学者们是高度分析类型的,试图揭示现象是如何呈现以及运作的,试图定义感兴趣的事物中的每个部分及其子体。

第二种世界观通常被称为建构型世界观。这种世界观高度依赖建构主义而采取截然不同的视角。在这派学者的观点中,人们在创造知识的活动中扮演了积极主动的角色。事物外在于人而存在,但是人可以以多种有用的方式将这些事物概念化。因此,知识不但从发现中产生,而且从认知者和被知者的相互作用中产生,由于这个原因,个体的感知和解释过程在研究中很重要。"建构型世界观不在于尝试解释普遍的规律,而在于表述个体工作的丰富语境。它在强调个体主观反应方面是人性化的。很多采用这种视角的传播理论基于这样的假设:传播本身在现实的社会建构中就是一个至关重要的载体。"①简单地讲,建构型世界观认为知识不是简单地基于对外在实体的客观认识,而是基于人们在交往中积极的主观性创造。比如一种纸币的价值基本取决于人文社会对它的认可与定义。再比如对一个人沟通行为的认知,并非简单基于此人的客观存在,也取决于认知评判者对此人的积极主观态度。

二、本体论

本体论探讨的是存在的本质问题,传播学研究中的本体论问题涉及人类社会交往的本质。所有的传播理论都是从对存在的假设开始的,传播研究的本体论分歧集中体现在对人类社会行为的本质的不同认识。争论的几个焦点问题如下:第一,人在多大程度上作出现实选择?决定论者认为人的行为是由大量的先验条件引起的,并且人类基本上是反应的和被动的;实用主义者声称人们为实现未来的目标而规划自身的行为;中间立场派认为人们能在限定的范围内作出选择。第二,在状态(states)与特征(traits)的对立观中,人在多大程度能被最好地了解?状态观将动态视为人类的特点,认为日子在一天、一年或一生中经历大量的变化状态;特征观则认为人类通常是静态的,人们大多数是可预知的,特征本身并不容

---

① LITTLEJOHN. Theories of human communication[M]. 4nd ed. Belmont,CA:Wadsworth,1992:32.

易改变;当然,很多研究者认为状态和特征都表征了人类行为。第三,人类的经验主要取决于个人还是社会?很多研究者把人类看作多个个体。尽管这些学者明白事实上人们不能脱离其他个体而单独存在,而且相互作用是重要的,但是他们解释人类行为就如同其主要来源于个体;然而,很多其他的研究者聚焦社会生活,并将其作为分析的主要单元,这些学者认为人类不能脱离集体中其他人以及文化的关系而被理解。第四,传播在多大程度上被语境化?这个问题探讨行为是受普遍原则的控制,还是依赖于情景因素。

有的传播理论研究者将本体论归类为两个基本对立的立场:行动的和非行动的。行动理论设想个体有目的地创造意义并作出现实选择。行动传统的理论家不倾向于寻求普遍经验性规律,因为他们假设个体行为并不完全受到先验事件的控制,他们假定人们在不同的情况下有着不同的表现,因为规则随情况的变化而变化。反之,非行动理论假定行为基本上被生物和环境因素决定,个体行为是对这些因素的被动反应,普遍经验性规律通常在这个传统里被认为是恰当的,由个体作出的行为解释通常被低估。

三、价值论

价值论涉及的是价值在求知过程中所扮演的角色。对传播学研究者来说,三个价值问题极其重要。其一,理论是否是无关价值的(value-free)。传统经验学派认为理论和研究都是无关价值的,学术是中立的;关于这个问题的另一个立场是学术没有实质性价值,但是体现出元价值,比如追求真理、客观性和科学本身的价值;还有一些学者认为理论在方法或是本质上绝不可能是无关价值的。科学家选择研究什么受到个人以及制度价值的影响,政府和机构的组织价值决定资助什么研究,政治和经济意识形态哺育并反哺于看待世界的特殊方式。其二,调查实践在多大程度上影响被研究的事物。这个问题集中于学者是否侵入其中并因此影响研究过程与研究对象。传统实证研究的观点是科学家仔细观察但不进行干扰,如此,观察的精确性得以保持。但是,批评者对此表示质疑,他们认为观察者会对被观察的对象与事物产生扭曲,这种扭曲或大或小,但始终存在。其三,学术在多大程度上应该尝试实现社会变革?很多人认为学者的职责就是生产知识,让技术人员和政客们利用这些知识去做他们想做的事情。其他一些学者则认为有责任感的学术研究有义务去促进积极的变化。总的来说,两种普遍的立场存在于这些价值论问题中。首先,具有价值意识的学术思想确认价值对于研究和理论的重要性,并通过协作努力将这些价值向积极的方向引导。其次,价值中立的学术思想认为科学应该远离价值。

  传播研究中的元理论的哲学视角差异决定了研究者采用的研究方法的差异。在社会科学领域中,研究方法主要分为两大派别,即定量方法派和定性方法派,这两大派别在本体论、认知论和价值论方面持不同观点。"定量方法派的本体论最早是实证论,即坚持认为现实是单一的,现实只有一个。在认知论方面,定量方法派认为求知者与被知者的关系是互相独立的,互不隶属。在价值论方面,定量方法派认为研究过程不为价值观所左右……而定性方法派在本体论方面主要倾向于现象学理论,并倡导现实是人为建构而成的哲学论点。在认知论方面,定性方法派认为很难区分求知者与被知者。最后在价值论方面,定性方法派认为学术研究不可能游离于价值观之外。"①基于人类沟通行为的复杂性,一些学者则将定量与定性研究相结合,进行优势互补,采用混合研究方法综合运用于研究中。

第二节 定量研究

这是一种科学学术视角,这种方法假设世界处于观察者的意识之外,并且等待被发现。定量研究以抽样统计为基本手段,使用具体的数字数据来表现事物现象和求证课题假设,是西方传播学研究通常采用的经典方法。具体的实施方法包括实验研究、问卷调查、内容分析等。

一、定量研究的基本方法

(一)实验研究

实验研究最早应用于实验心理学领域,随后在大众传播、沟通学领域得到广泛应用。美国传播学者 P. 坦嫩鲍姆对实验研究下过一个经典定义:"实验是系统地操控一个到数个假定有关的自变量,并在客观状态下,以及在固定其他自变量的可能干涉影响的条件下,观测其对此因变量的独立效应和交互效应。"②实验研究分为实验室研究(Laboratory Experiments)和实地研究(Field Experiments),实验室研究也称为控制研究。

---

① 鲁曙明.沟通交际学[M].北京:中国人民大学出版社,2008:69.
② 甘惜分.新闻学大辞典[M].郑州:河南人民出版社,1993:126.

20世纪40年代,实验心理学家霍夫兰采用控制研究探求大众传播与受众态度改变之间的因果关系,并提出了一些传播致效原则,霍夫兰也由此成为传播学的奠基人之一。实验研究方法的最大特点是允许并且有助于研究者探求变量间的因果关系。此外,实验室研究还有另一个显著特点,即"控制"。"实验室实验离不开对实验环境、测试对象、研究变量等因素一定程度的控制。对研究中的自变量,研究人员可以直接控制,对其他可能影响因变量的潜在外涉因素,研究人员也可以加以直接或间接的控制。研究人员对变量的控制越大,研究的内在效度也就越高。"[①]"控制"在一定程度上保证了内在效度,但同时也难以避免两方面的问题:其一,控制的人为性可能与真实环境产生出入;其二,研究者的偏见如果渗透在实验的任何环节中,都可能影响实验结果。

(二)问卷调查

问卷调查通常是研究者先设计问卷调查表或采访问题,然后请被调查者回答这些问题的一种研究方法。"事实上,用问卷进行调查不但效率高,而且省时省力,这正是问卷成为最常用的调查手段的原因,一份设计得当的问卷可以'独立自主'地自行展开调查,研究人员无须为了觅集资讯而去走访联系调查对象。这个特点使得问卷能够超越时间和空间的限制。"[②]由于问卷调查受时间和空间的限制较少,被普遍地运用于多个样本的大中型调查中。问卷调查的质量取决于问题的设计以及测量手段的可靠性和有效性。关于测量手段的可靠性和有效性在下文中的定量研究的基本步骤中进一步详述。

---

① 刘燕南.电视传播研究方法[M].北京:北京师范大学出版社,2003:134.
② RUANE.研究方法概论[M].王修晓,译.台北:五南图书出版公司,2007:161.

(三)内容分析

内容分析最早产生于传播学领域。第二次世界大战期间美国学者拉斯韦尔等人组织了一项名为"战时通讯研究"的工作,以德国公开出版的报纸为分析对象,获取了许多军政机密情报,这项工作不仅使内容分析显示出明显的实际效果,而且在方法上取得一套模式。20世纪50年代,美国学者贝雷尔森出版《传播研究中的内容分析》一书,把内容分析定义为:"一种对具有明确特征的传播内容进行客观、系统和定量描述的研究技术。"[1]它实际上是一种半定量研究方法,其基本做法是把媒介上的文字、非量化的有交流价值的信息转化为定量的数据,建立有意义的类目或主题分解交流内容,并以此来分析信息的某些特征。内容分析的一般过程包括建立研究目标、确定研究主体和选择分析单位、设计分析维度体系、抽样和量化分析材料、进行评判记录和分析推论六部分。内容分析可分为解读式内容分析(Hermeneutic Content Analysis)、实验式内容分析(Empirical Content Analysis)、计算机辅助内容分析(Computer-aided Content Analysis)几种类型。研究对象必须是具有明确特性的传播内容,"明确"意味着所要计量的传播内容必须是明白的、显而易见的,而不能是隐晦的、含糊不清的。分析方法的特征是"客观""系统""定量";结果表述的特征是"描述性的"。内容分析的结果常常表现为大量的数据表格、数字及其分析。这是"客观""系统""定量"研究的必然结果。

---

[1] 叶鹰,潘有能,潘卫.情报学基础教程[M].北京:科学出版社,2006:79.

二、定量研究的基本步骤

定量研究与自然学科的研究过程近似,通常经过提出问题→形成假设→验证假设→制定理论的过程,这个过程也被称为假设演绎法。在假设演绎法的典型模式中,验证假设得出的一系列结果推动理论的逐渐形成,验证结果的逐年增加帮助理论更加系统完善。

(一)问题的提出和假设

从研究的方向来看,沟通学研究可以分为基础研究和应用研究两个大的方向。基础研究的学者们通过测试和校验基本理论,不断提高人们对传播现象的科学认识,避免人们只通过常识来判断某些传播现象。典型的理论研究课题诸如:人们最初交往时的传播行为。而应用研究则重点解决一个实际的传播问题。应用研究其中一种类型称为"行动研究",目的是为人们提供解决某些问题的一系列行动的方法。首先限定一个问题,其次决定采用什么方式收集、分析和思考相关数据,最后设计解决和管理问题的行动方案。典型的应用研究课题诸如:哪些技巧构成了儿童理解广告诉求的基础?

(二)操作性定义

假设必须是可验证的,换句话说,放在一起的变量必须被仔细地定义,以至于训练有素的研究者能够以精确的方法观察和测量它们。人类的很多价值观念很难定量测试,比如"爱""包容""友善""耐心"等。那么,如果我们要测量婚姻中"包容"与"爱"之间的定量关系,我们必须设计可以操作的测量方法。比如,对"爱"的测量可以通过对以下言行的测量而完成:向对方说"我爱你",双方凝视、握手、微笑,这一系列行为综合就得到了"爱"的操作性定义。操作性定义在描述某个概念时,侧重于介绍现实生活中能够体现这一概念的可观察、可测试的特性、行为。[1] 通过对这些特性、行为的测试而达到对相关概念的测试。

(三)观察测量

操作性定义编制好之后,要靠观察过程中精确的数值测量和控制操作来验证假设。通过对相关自变量的调控,来观察记录其对应变量产生的结果。比如通过控制婚姻中一方的"包容"程度,来观察婚姻中的另一方对此婚姻的满意程度。典型的定量研究的观察测量手段有问卷设计、基于抽样和数理统计的调查访问、实验研究、内容分析等。

测量的质量根据两个指标进行评估:有效性和可靠性。有效性表现在研究者测量的内容能否真正体现研究者希望测量的概念,比如对"包容"的测量只能通过对特定言行的测量去完成,如果被测量的那些言行能够完整准确地体现"包容"这一概念,这一测量就是有效的,反之无效。可靠性表现在被测量的内容能否在不同的境况中始终体现研究者所希望测试的概念,若能,则可靠性高;若不能,则可靠性低。比如,如果研究者测试的具体言行在不同境况中始终唯一体现的概念是"包容"而不是其他概念(如"友好""善良""自信"等),那么这一测试便有可靠性。

为了保证有效性和可靠性,研究测量多采用非常严谨的程序和方法来收集数据。比如为便于精确观察变量特征,研究者会区分测量层次,通

---

[1] FREY, BOTON, KREPS. Investigating communication: An introduction to research methods [M]. 2nd ed. Boston: Allyon & Bacon, 1997: 81.

过某种象征标志的特定安排或数字的分配来指定变量的种种特征。就变量的类型、范围和关系等方面的量值,测量可以分为四个层次:名称的、序列的、等量间隔的和比率的。① 比如"白色人种""黑色人种""黄色人种"的分类是名称的;辣椒的辣度分为1(微辣)、2(中辣)、3(很辣)是序列的;0℃、2℃、4℃是等量间隔的;人的体重分为20公斤、40公斤、60公斤是比率的。比率与间隔的区别在于前者没有0值(没有0公斤体重的人)。

在观察测量中要尽可能地排除非相关成分的干扰,比如,"在采集样本(sampling)时尽其所能采用随机样本(random sampling)。又如,由于重视数据的可靠性,定量研究通常采用某些公式来计算收集数据所用的量具(instrument)的可靠性。由于采用数字来表示可靠性,所以量具之间也就具有了可比性"②。面访中对问题类型、问题顺序的设计、观察中的控制和操作设计也都要考虑到研究的有效性和可靠性。

(四)概括和预言

概括是在整个测试环境中对与一套特殊变量相关的原因和影响的理论性陈述。在传统的科学学术视角中,概括有重要意义,由于它解释事件的能力,概括也能够使研究者对将来的事件作出预言。预言是调查的重要结果,作为一个结果,预言给予人们对环境的控制权。举个例子,如果我们能预言某些类型的传播将导致特别的关系,我们可以通过仔细设计传播信息去控制关系。

---

① FREY, BOTON, KREPS. Investigating communication: An introduction to research methods [M]. 2nd ed. Boston: Allyon & Bacon, 1997: 85.
② 鲁曙明. 沟通交际学[M]. 北京:中国人民大学出版社, 2008: 71.

第三节 定性研究

定性研究主要对事物或现象的性质与特征进行描述和分析,通常是非量化的。定性研究也被认为是一种试图从个人自身角度出发,了解事物对个人所具有的意义的系统化研究。[①] 在沟通学研究中,定性研究也被广泛应用。对于定性研究的研究者来说,知识不可能完整无缺地被发现,因为现实并不独立于人类思维。在大量的事件中,不同的观察者将看到不同的事物,因为他们为这些事件赋予不同的意义,并且以不同的方法将它们概念化,概念总是受到视角的影响,所以没有一种看待世界的方式可以被认为是最好的。作出一个好的定性解释凭的不是传统意义上的有效问题,而是有用的问题,解释能否帮助人们谈论、理解、操作、介入、教学或完成一些其他认知的或者实用的目标。[②]

一、定性研究的数据收集方法

定性研究的具体方法可分为用于收集数据的方法和用于分析数据的方法。在数据收集方面,有些具体方法既属于定量研究也属于定性研究,比如访谈法。其他包括实地观察法、文化实地调查法、日记调查法等。在此,重点介绍访谈法和实地观察法。

---

① 辛格尔特里.大众传播研究:现代方法与应用[M].刘燕南,等,译.北京:华夏出版社,2000:259.
② LITTLEJOHN. Theories of human communication[M]. 4nd ed. Belmont,CA:Wadsworth,1992:12.

(一)访谈法

定量研究中的访谈基于问题的规范化设计和数理统计基础,访谈的采访者也不一定是研究者本人。定性研究中的访谈侧重访谈的深入性,既有规范化设计的题目,也有现场采访的随机交流问题,采访一般由研究者本人实施,可以更多、更深入地获取被研究对象的信息。典型的定性研究访谈法有深度访谈和小组焦点访谈。深度访谈指研究者与被研究对象一对一直接接触和交谈,以获取有关对方态度、动机、价值观念、表情、感觉等详细资料的一种方法。[①] 在深度访谈中,研究者可以通过言语的交流和非言语的观察获得采访对象较全面、具体、翔实的资料,研究者还可以根据采访对象的回答提出新的问题,比较适合一些关于敏感问题和复杂问题的研究。小组焦点访谈源于精神病医生所用的群体疗法。焦点小组一般由8至12人组成,在一名研究者的引导下对某一主题或观念进行深入探讨,以充分了解被调查者的想法及其原因。定性研究中的访谈虽然比较深入,但也有一些缺点。定性研究中的访谈是非随机的小样本研究,其结论不一定具有推断性;访受双方直接接触时,受访对象也容易受访问者的引导和暗示,有可能影响回答的真实性和效度;此外,由于资料量大,分析和解释资料耗时也较长。

(二)实地观察法

实地观察法指在非人工环境中,研究者通过视、听、接触等行为搜集资料的方法,"按研究者是否参与研究对象的活动过程,可以分为参与观察和非参与观察两种。按观察的隐匿程度,又可以分为公开观察和非公

[①] 刘燕南.电视传播研究方法[M].北京:北京师范大学出版社,2003:228.

开观察"①。在实地观察中,研究者可以对被研究对象进行较长时间的持续观察,研究者一般也直接与研究对象接触,并且通过笔记、录像等方式记录观察过程,有利于深入细致地研究被观察对象。在自然环境中进行观察,能够一定程度上避免在实验室观察环境中人为产生的非自然、非正常状态。当然,实地观察也有相应的缺陷,比如样本量较小,会一定程度影响研究的效度;此外,实地观察获得的资料不易量化,对研究者的主观视角和判断依赖性也较强。

二、定性研究的数据分析方法

定性研究进行数据分析时,经常采用主题分析法。在资料汇聚的基础上,研究者一般遵循多次性、重复性、有力性三项标准来确定素材中出现的主题。如果符合上述三项标准,某个中心意思就成为一个主题。"当主题从原始材料中被识别出来后,研究者则着手解释和详述这些主题,并从原始材料中找出例子进一步阐述这些主题。对原始材料进行主题分析后的结果就成为质化研究学术文章中的结论分析部分。"②

定性研究大多采用归纳法得出结论,这不同于定量研究通常采用的演绎法。演绎法一般从某种理论出发,依照该理论框架来推出假设和制定测量方法,然后通过收集资料和证据来评估或验证在研究之前预想的模型、假设或理论。定量研究是基于一种"先在理论"的基础研究,以研究者的先验想法为开端,是一个自上而下、从抽象到具体的过程。归纳法一般不先从理论出发,或者不受理论框架的约束,在搜集数据、分析数据的

---

① 刘燕南.电视传播研究方法[M].北京:北京师范大学出版社,2003:215.
② 鲁曙明.沟通交际学[M].北京:中国人民大学出版社,2008:80.

基础上推导出理论,通过证伪法和相关检验等方法对研究结果进行检验。这种方式形成的理论,是从收集到的许多不同的证据之间的相互联系中产生的,这是一个自下而上、从具体到抽象的过程。

第四节　混合研究

一、定量研究与定性研究的局限性

定量研究和定性研究各有其优缺点。从研究的广度和深度来看,定量研究以广度见长,致力于探寻普遍规律,主要以研究仪器、理论模式作为分析工具,受时空限制小,适合大样本量调查,如果设计合理,观测方法得当,所得出的结论适合推广到所有同类研究对象。而定性研究由于主要依靠研究者亲自做访谈和实地调查,花费时间和经费相对较多,对研究者的主观分析判断要求较高,因而不适用于大量的样本调查分析,研究广度不够,但以深度见长。在理论贡献方面,两者也存在差别。定量研究多采用演绎法,用现有的理论框架来提出假设和制定测量法,然后通过收集资料和证据来评估或验证在研究之前预想的模型、假设或理论,在理论的创建上贡献相对较小。而定性研究通常采用归纳法,并不囿于先验的理论框架,然后基于观察和访谈等所获得的资料,逐步由具体向抽象转化,以至形成理论,因而定性研究在推导建立理论方面作出的贡献比较明显。

二、混合研究的优势

传播学是一种社会科学,它涉及人们在创造、交换、解释信息的过程中的表现,而沟通学更是涉及信息在人与人之间的交换和共享,因此,将定量研究与定性研究相结合,将两种研究方法进行优势互补,有助于研究人类复杂的沟通交流行为,混合方法研究派学者正是采用一种实用主义的态度,将定量与定性方法综合运用于研究中。"在本体论上,混合派学者倾向于多重现实主义,但他们并不附和质化派的主观现实主义。混合学派认为,有些现实是主观的,有些则是客观的。因而在认知论上,他们采用实用主义的态度,即调查主观现实时运用质化研究法,调查客观现实时运用量化研究法。在价值论上,该学派也采用实用主义,即在必要时,研究者可以将自己的价值观运用到研究中,但有时也要力求避免研究者主观价值的介入,尤其在收集量化数据时更应该尽量降低研究者自己主观价值观的影响。"[1]

总体来说,由于将量化研究和质化研究并用,两者优势互补,混合研究的优势主要体现在以下几个方面:首先,混合研究可以回答单一量化研究或单一质化研究无法回答的研究问题;其次,混合研究适用于调查复杂沟通现象,人类社会中比较复杂的沟通现象需要从多个角度探讨,多角度调查需要同时采用量化研究和质化研究方法才能完成;最后,混合研究可以增强研究结论的准确性和可靠性,使用该方法调查同一现象的同一面,可以通过结果是否一致来验证结论的有效性和可靠性。

---

[1] 鲁曙明.沟通交际学[M].北京:中国人民大学出版社,2008:82.

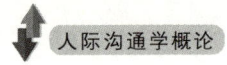

思考题：

1. 定量研究有哪些基本方法？

2. 定性研究有哪些收集数据的方法？

3. 请与同学合作，利用本章节介绍的相关研究方法设计一个人际沟通研究实验。

第三章　言语沟通

　　根据进化论的观点,语言是伴随着人类的劳动历史过程而逐渐产生的。劳动提出了产生语言的社会需要,为语言的产生提供了心理和生理上的条件。语言是人类思维的外在产物,人类在漫长的进化过程中,在劳动和社群生活中,交流的信息量越来越大,内容越来越复杂和抽象。劳动的精细化促进人的思维能力不断进步,最终,思维的外在产物——语言诞生了。两河流域苏美尔人创造的楔形文字是世界上最早的文字,出现在距今5 000—6 000年前,至于文字诞生前人类的口头语言的使用情况则无从考察。人类的语言是复杂精细的表意符号系统。语言符号的词汇指代了具象化和抽象化事物,语法、语篇结构承载了思维中的逻辑性、条理性的信息链条,相对准确地传播大容量复杂信息通过语言符号这个载体得以实现。自此,语言就成了人类社会最重要的信息传播载体。

人际沟通学概论

第一节 语言、言语和言语沟通概念辨析

人们使用语言符号进行沟通交流的行为称为言语沟通,语言产生后,言语沟通就成了人类社会最重要的信息传播方式,几乎覆盖了社会生活的各个方面。为了更好地理解言语沟通的内涵,我们先来辨析语言、言语和言语沟通这三个密切关联的概念。为了便于理解,我们采用一段电视节目中人物间的对话作为案例来分析这一组概念。

案例:中央电视台《百家讲坛》特别节目《解读于丹》(主持人、专访对象于丹、嘉宾易中天对话摘录)[①]

在这期节目的三人对话中,在探讨关于解读经典的真实性问题时,易中天反客为主,连续对主持人和于丹发问,发生了这样一段对话:

易中天: 那我想先问主持人一个问题,刚才你在前面的节目里,你问了于丹很多问题,你作为主持人是代表观众来发问的。那我想问你自己,你现在放弃你主持人的这个身份,作为一个普通观众,你看过于丹的节目吗?

主持人: 我看过。

易中天: 你自己真实感觉如何?

主持人: 于丹在上这个节目(《百家讲坛》)之前,已经是我所在栏目(《新闻调查》)的专家,我听她说话至少听了三年。

[①] 中央电视台《百家讲坛》特别节目《解读于丹》,于2006年11月25日播出,以下对话片段由笔者根据节目视频整理记录。

易中天：听她讲过《论语》吗？

主持人：当然。

易中天：噢，以前听过，那这个问题我初战失败，这个坑没挖好。

（现场观众笑）

易中天：那么于丹说的孔子是真实的孔子吗？

主持人：真实是无底洞的那个底。

易中天：就是永远找不到的那个真实？

主持人：对，但有意义的就是通往它的那个过程。

易中天：那人家就会问了，你《百家讲坛》是中央电视台一档具有学术性的栏目，你面对着全国亿万观众，如果你不能保证你讲的孔子是真实的，那么你于丹的讲座靠得住吗？

于　丹：这个问题是问我的吧？

易中天：对。

于　丹：（笑）我所解读的孔子不是一个我所敬仰的圣贤，而是一个我爱的朴素的圣贤。这种圣贤的意义就在于他能穿过千古的尘埃，在今天，就像您刚才说的那样，像父母对小孩子的教育一样，是那种最朴素道理的一个昭示者。所以我觉得我讲的孔子的言辞是真实的，但是言辞之外，仁者见仁，智者见智，每一个人的心得延伸一定有着他自己的色彩，我不希望把我的色彩强加于观众，而只是以我的色彩，以一种爱的方式，去作为一种导火索，让所有的人在心里面跟孔子有这么一种火焰的默契，能够在自己的心里头点燃对他的一种爱，一种呼应，哪怕是一种否定。但总而言之，有所感就比无所感好得多。

一、语言与言语

语言是一种符号系统,以语音为物质外壳、以语义为意义内容,是音义结合的词汇建筑材料和语法组织规律的体系。语言是人类最重要的交际工具,是人类进行思维和传递信息的重要手段。在上文的对话中,主持人、于丹、易中天都使用了语言。而言语是个人通过运用语法规则将语言单位组织起来的结果,它包括两层含义:一是指人的说和写的过程,是人的一种行为,叫言语活动,也叫言语行为;二是指人说出来的话、写出来的文字篇章,也叫言语作品。语言是社会的,言语是个人的;语言是抽象的,言语是具体的;语言是全民性的,言语是有个体及群体差异的。上文中的三人对话就是具体的言语行为,产生了具体的、富有个性特点的言语结果。同样是谈如何理解"真实的孔子"问题,主持人的回答"无底洞的那个底"简洁、形象而有哲理性;于丹的阐述铺陈又不失条理性和感性。

对于语言和言语的研究早已形成一门系统的学科——语言学。语言学是以人类语言为研究对象的学科。探索范围包括语言的结构、语言的运用、语言的社会功能和历史发展以及其他与语言有关的问题。语音、语法、词汇及文字这些研究都注重语言的结构本身,是语言学的中心,有人称之为本体语言学。研究语言在各个领域中实际应用的语言学分支称为应用语言学,包括语言教学、语言规划、语言本体和现代科技的关系、社会语言学等。其中,社会语言学研究语言同社会的关系和语言的社会应用。① 在人类的沟通传播活动中,人们通过语言符号进行交流,以交换情

---

① 于根元.应用语言学概论[M].北京:商务印书馆,2003:3.

感和思想并相互了解的行为称为言语沟通行为,它包括人们怎样在具体交际环境中使用语言进行沟通,以及不同社会、不同群体使用语言的差异等。

二、语言与言语沟通

语言本体和言语沟通行为既有联系又有区别。例如,对词汇意义的解释属于本体语言学中词汇学的范畴。但是,在不同交际场合选择适当的词汇的问题,就属于言语沟通研究的范畴了。例如:已婚女子对自己的配偶有多种称呼,如"先生""丈夫""老公""男人""爱人"等,本体语言学认为,上述几种称呼从词义来看,都有准确的定义。(例:所谓先生,主要指有一定学识而又年庚较高的人。用先生指代丈夫,文雅而又带有仰慕尊崇的意思。)但是,在实际的人际交流活动中,哪个群体的已婚女子倾向于使用哪个称呼指代自己的配偶,同一位女性在不同社交场合对自己配偶称呼有什么变化等问题,则属于言语沟通研究的范畴。所以,言语沟通研究实际上探讨语言符号在人类互动交流行为应用中的规律,语言本体虽然不是研究重点,但是要以语言本体中语音、语法、词汇的基本规则以及对规则的了解和运用为基础。

语言制约着言语行为,指导人们进行言语实践;语言存在于人们的互动交流过程之中,存在于言语行为和言语作品之中。语言不能脱离言语,言语也不能脱离语言,它们是不可分离的。

第二节　语言符号的特点与言语沟通应用

作为人类最重要的交流手段,语言发展历史悠久,世界上语系众多,每种语言都有系统的规则,语言发展是个动态过程,随着科技手段的更新、社会思潮的变化,语义、语法等也在不断地发展变化。在言语沟通行为中,语言符号具有以下基本特点:指代性、任意性和强制性、明义和隐义。在言语沟通的应用实践中,首先要充分了解这些特点,才能根据这些特点合理进行应用。

一、语言符号的指代性与言语沟通应用

在一种认知体系中,符号是指代一定意义的意象,语言符号也具有符号系统的特点——具有指代性,语言符号指代的事物非常庞杂。包括现实世界的实体事物、人们的思想观念和情感。人们通过对语言符号的解读来理解语言所指代的意义,实现彼此之间的交流。通常,指代实体事物的词汇比较容易理解,例如,"天空"一词指代"日月星辰罗列的空间",我们来到户外,抬头就可以看到实在的"天空"。而抽象概念是建立在一系列实体事物的基础之上的,其语义理解起来更为复杂。语义学家 S. I. Hayakawa 研究的"抽象概念阶梯图"显示,对于事物的指代,可以形成由具体到抽象的逐级变化的语言序列。在下面的例子中,对一只名为蒂娜的狗进行了"抽象概念阶梯图"描述,我们可以看到,随

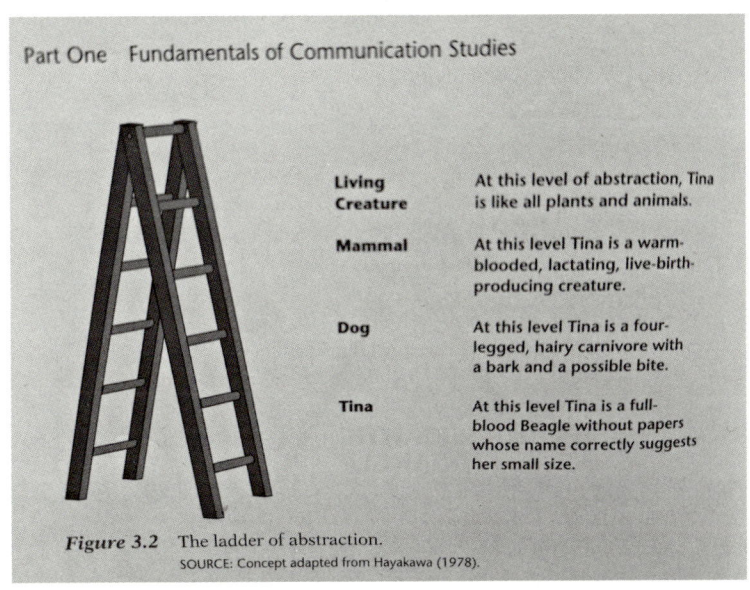

图 3-1　抽象概念阶梯图

着阶梯的升高,描述它的词语也越来越抽象。[①]

人们在言语沟通实践中,首先,要根据情况判断使用指代实体事物和抽象概念的词汇的比例。与儿童或受教育程度低的交流对象沟通时,尽量多使用指代实体事物的词汇;在紧急情况下(例如在火灾中指挥民众疏散),使用的词汇、语句也要尽量做到指代性清晰明了。其次,由于同一个词汇可能指代多个含义,人们的生活、教育等背景也存在差异,不同的个体会根据自己的经历进行不同的解读,对某些词汇的指代的意义的传达和解读就可能存在差异。例如"天意",有人会想到自己的一系列成功的经历;有人会想到某次中彩票的过程。

---

① PEARSON,NELSON,TITSWORTH,et al. Human communication[M]. New York:McGraw-Hill,2003:81-82.

二、语言符号的任意性和强制性与言语沟通应用

现代语言学之父、著名语言学家索绪尔在其著作《普通语言学教程》中提出了语言符号具有任意性的观点。索绪尔认为,"语言符号连接的不是事物和名称,而是概念和音响形象"①,概念是对客观有形事物的高度抽象概括,名称用来指称一个具体的概念事物,而音响形象是这个名称的发音的外在表现。"他(索绪尔)建议使用'能指'和'所指'分别表示音响和概念,而保留用符号这个词表示整体,即'符号＝能指＋所指'。这里,索绪尔把符号看成能指和所指的结合体,通过符号所处系统的内部关系产生意义。"②索绪尔同时提出了语言符号的能指和所指的联系是任意的,而所谓任意性是指能指和所指之间的联系"是不可论证的,即对现实中跟它没有任何自然联系的所指来说是任意的"③,也可以理解为语词的能指和它的所指之间没有固定的天然联系。例如,汉语中用"天空"而英语中用"sky"来指代"日月星辰罗列的空间"这样一个概念,这没有规律可循,也就是说,我们使用的词语"天空"、英语中的"sky",与那个实际存在的"日月星辰罗列的空间"并无必然联系。所以,这使得世界上的语言有数千种之多,不同地区的方言也千差万别。但是,任意性并不是绝对的,语言一旦进入社会交际领域,就成为经过强制性约定的任意性符号系统。"一旦一种任意性符号被规定下来,它的任意性也就不是字面上反映出来的那么任意,换言之它并不允许人们随心所欲地修改更不用说打破了。

---

① 索绪尔.普通语言学教程[M].高名凯,译.北京:商务印书馆,1985:101.
② 杨念文.能指·所指·任意性——索绪尔语言符号任意性解读[J].湖北教育学院学报,2007(12):27-29.
③ 索绪尔.普通语言学教程[M].高名凯,译.北京:商务印书馆,1985:104.

它具有潜在的且无与伦比的强制性。'约定俗成'即强制性。"①假如在社会交际中,某个社会成员试图改变这种强制性,改变语言符号的能指与所指关系,他就有可能无法与社会成员交流。有这样一则有趣的小故事:有个老头无聊了,把所有日常用品的名称都进行了颠倒互换,例如把"桌子"叫"地毯",把"报纸"叫"毛巾",创造了一套自己的语汇系统,于是产生了无法被人理解的言语:"早晨,我从鞋子里爬起来,穿好牙刷以后随手拿起毛巾看起来。地毯上有隔夜的帽子,我吃了几口后关上椅子出发了。"②从另一角度来说,人们也可以利用语言符号的任意性特点,创作一套在特定交流环境中的语言符号体系。暗号就是故意改变语言符号的能指与所指关系的一套语言符号体系,而这种改变的关系只被特定的几个人掌握,例如,间谍之间就常利用暗号进行信息传递,而这种暗号是很难被敌方破译的。

三、语言符号的明义和隐义与言语沟通应用

首先,词语有明义。明义通常是辞典中的字面意义,是约定俗成的固定含义,有些词语有几层明义。例如在《现代汉语词典》中,"天"一词作为名词有以下几种主要的解释:①天空;②一昼夜二十四小时的时间,有时专指白天;③一天里的某一段时间;④天气;⑤自然界;⑥迷信的人指神、佛、仙人居住的地方;⑦迷信的人指自然界的主宰者。其次,词语还具有隐义。隐义取决于不同的个体对于语言所指代意义的独特理解。它包含

---

① 陈丽静.一个可移动的牢房——语言符号任意性与强制性的探究[EB/OL].[2018-10-03]. http://wsshi.bokee.com/viewdiary.15442978.html.
② 陈丽静.一个可移动的牢房——语言符号任意性与强制性的探究[EB/OL].[2018-10-03]. http://wsshi.bokee.com/viewdiary.15442978.html.

出于自身独特感受而赋予该词语的超出明义层次的独特理解。例如"流水落花春去也,天上人间"中的"天上",就是李后主对故国奢华生活的比喻和怀念。

正是由于语言符号具有明义和隐义,使得言语传播行为具有复杂性,语言符号虽有明义,但是人们的言语往往不自觉地包含其隐义,对隐义的理解取决于不同个体的经历、教育背景、家庭环境、文化背景等,所以,运用同一语言的人,他们的言语行为却是千差万别的。言语沟通要得以顺利进行,传受双方就要尽可能克服语言的人为性所带来的理解偏差或障碍,首先应理解彼此言语的明义(某一层明义)。作为传者,要尽可能清楚地解释言语背后的隐义;作为受者,要注意检视自己对对方言语的隐义的理解是否与传者的隐义相同或相似。

第三节 传播要素与言语沟通应用

言语沟通运用是在传播过程中发生的,探究言语沟通运用规律,离不开对传播过程中各要素的分析。以下分别从言语本身的应用规则以及传受关系、传播渠道、传播环境等对言语沟通的影响来分析传播过程中言语沟通运用的基本规律。

一、作为信息载体的言语的应用规则

在言语沟通过程中,言语是信息的载体,它承载着传者内在的思想感

情。传者首先要保证自己的言语能准确地传达自己的思想感情,这就需要言语具有准确性;其次要保证这些思想感情能被受者正确理解和分享,这需要言语具有清晰性和有效性,简言之就是表达什么和如何表达的问题。

(一)言语的准确性

言语的准确性建立在对语法和词语的正确使用基础上。词语作为最小的语义单位,数量庞大,使用者需要积累足够的词汇量。在此基础上,还要注意词语的明义与隐义、近义词的语义差别,这样才可以尽量准确传达自己的意图。"有口说不出"通常就是指人由于词汇积累少或者辨别语义能力差而导致的难以充分传情达意的状况。

在第二语言的学习中,言语的准确性尤其重要,它往往是我们熟练驾驭该门语言的基础。在外语学习过程中也会有专门的词义辨析练习用来提高学习者言语的准确性。为保证言语的准确性,我们可以借助专门的词典来区分近义词语义的差别;在专业性较强的学术交流等言语沟通环境中,可以运用《牛津高阶英汉双解辞典》《辞海》等权威语言工具书来挑选精准的词语。

(二)言语的清晰性

言语的清晰性也是沟通中必不可少的,可以从以下层面予以注意:语音层面、数量层面和思维层面。

1. 语音层面

语音层面的清晰性主要取决于人的生理因素和发音规范。生理因素包括人的某些先天缺陷,会造成发声和成音系统不正常,影响言语的清晰

性,例如声带受损、面部畸形等。此外,人在病重等极度虚弱的情况下,发声和成音系统也难以正常工作。这些都会影响语音的清晰度,从而造成受者听辨困难。在大部分情况下,方言的发音规则是影响言语清晰性的重要原因。世界上各种语言几乎都有若干种方言。中国由于幅员辽阔,方言更多。有些地区的方言发音动程极短、声韵母变化规律复杂,使言语的清晰性受到一定影响,用不同方言交流时,易造成交流障碍。普通话由于元音的使用、发音动程的科学安排,清晰度非常高,所以,在大众传媒中和正式交际场合中,使用普通话有助于更好地保证言语的清晰性,推广普通话的意义正在于此。

2. 数量层面

为保证言语的清晰性,还要注意控制表达一个完整语意的词汇的总体数量。这个数量是相对的,要求在传受双方能理解彼此传达的信息的基础上,去除话语中的冗余信息。在信息较丰富、辨析难度较大的教师授课、商务谈判等正式谈话场景中,可以适当放慢语速,使单位时间内的词汇数量适当减少;反之,在一般日常谈话和轻松的娱乐性谈话中,语速可以适当加快,单位时间内的词汇数量也会相应增加。有学者做了专门的实证调查,研究学生对不同授课内容中教师语速的接受程度差别。按教育学要求,标准语速为200～250字/分,许多教师按照此语速讲课。但在与学生座谈中,还时常听到有学生反映:一些教师讲课语速过快,有些课堂内容听不清,更不能进行有效思考;而有的又太慢,使人昏昏欲睡。为了探讨上课的最佳语速,学者们设计了一组实验:在两个大专临床班分别采用不同的语速讲授人文科学课和医学专业课,人文科学课的内容是"人际关系"和"社会公德";医学专业课的内容是"小儿腹泻"和"小儿肺炎"。结果发现,讲授人文科学课的语速为200～250字/分时,学生反映最好,符合标准语速;而讲授医学专业课的语速为150～200字/分时,教学效果最佳。①

在口语交流中,还要注意控制"这个""然后""嗯""啊"等冗余词汇的数量,这类冗余词汇过多,会影响受者对主要信息的接收。

3. 思维层面

言语的清晰性还包括话语的条理性,即表达事物发展过程的次序,事物之间的主次、因果等逻辑关系。话语的条理性取决于思维的条理性。思维的条理性可以通过以下方式进行训练:先以篇章(一段完整语义的话)为单位,形成核心观点,在核心观点统领下形成思维主线,然后再以思维主线结构篇章内句子之间的并列、递进、转折等逻辑关系,句子连成篇章后要能构成较完整的表达核心观点的语义链条。

(三)言语的有效性

言语的有效性指传者的言语意义能被受者正确、充分地理解,从而实现沟通目的。言语的有效性可以通过描述化、生动化两方面来强化。

1. 描述化

描述是一种客观的叙述性言语。这种言语偏重于形象地叙述事物,而不是仅提供个人反应和判断。"人们要达到有效交流,传受双方需要建立对事物的共同理解,或者对某一现象应该有共同的界定。"②共同理解或共同界定是建立在客观叙述基础之上的。当我们用描述性言语界定一个事物时,要客观地阐述一个事物的表现状态、发展过程、构成要素等。

---

① 蔡爱武,吴伟.教学与语速[J].卫生职业教育,2004(3):88-89.
② PEARSON, NELSON, TITSWORTH, et al. Human communication[M]. New York:McGraw-Hill,2003:90.

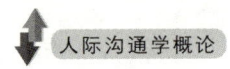

在使用细节描述事物时,事物就会更加形象、清晰,易于旁人理解。在小说《孔乙己》中,鲁迅先生就使用了典型的描述性言语刻画封建文人的落魄情形:"孔乙己是站着喝酒而穿长衫的唯一的人。他身材很高大;青白脸色,皱纹间时常夹些伤痕;一部乱蓬蓬的花白的胡子。穿的虽然是长衫,可是又脏又破,似乎十多年没有补,也没有洗……"①

当传者发出言语信息,受者接收后对于不确定的信息也应以描述性的言语进行重述。这种重述不是对对方言语的简单重复,而是为了让对方能验证你是否正确理解了他的话语含义。在记者采访、庭审对话等对信息准确性要求较高的言语沟通活动中,描述性的重述非常必要。

2. 生动化

比喻、排比、通感、对仗、押韵等手段,都使得言语变得更加生动,从而更加吸引受者关注传者话语并受到感染。在公众演讲等对说服力和感染力要求较高的说话场合,生动化的言语非常重要。历史上著名的公众演讲者,都是善于运用生动言语的高手。例如,马丁·路德·金的著名演讲《我有一个梦想》,全篇反复运用的排比充满了对种族平等的热望,激励了无数反种族主义者。中国古代的孟子在给当时统治者的进谏中特别善于运用环环相扣的排比增加论证的力量,产生了巨大的说服力。

二、传受关系与言语沟通应用

(一)亲密关系中的言语沟通应用

亲密关系指交流双方是血缘亲属关系或是日常交流频繁的伴侣、朋

---

① 鲁迅.鲁迅精选集[M].北京:北京燕山出版社,2008:12.

友关系。在亲密关系中，由于交流双方彼此熟悉，双方的言语使用较为随意，通常不会刻意考虑措辞方式、语言的明义和隐义等问题，甚至还会使用只有交流双方才能领会的特定词语。但是，正是因为言语使用较随意，有时缺乏非亲密关系中的礼貌和客气言辞，时间久了，受者会觉得传者对自己的关心和重视不够，尤其在家庭成员之间，这种情况更多见。因此，家庭成员之间要特别注意使用一些致谢、夸奖等言辞让对方感到温暖和受重视。

(二)工作关系中的言语沟通应用

工作关系指交流双方是在同一工作环境中的同事或上下级关系。职场是一种公共场合，工作关系中的言语沟通运用首先要符合公众交往的基本礼仪规范。例如，礼貌称呼他人、使用文明用语等。其次，交流双方言语沟通运用要有利于经营良好的工作关系，良好的工作关系主要取决于合作精神和服从精神。不同岗位、不同职位的工作人员都是为实现同一经营目标服务的，需要彼此合作，所以工作交流中要避免尖酸、刻薄、驳斥等易引起矛盾的措辞方式，多用讨论、商量的口吻进行对话。最后，下级对上级原则上要服从。服从并不是言辞上的唯唯诺诺，也不是阿谀奉承。当下级在执行上级布置的任务时，如发现不妥，可以以建议的口吻向上级提出异议；而上级在下达任务时，也不可用指示、命令的口吻给下级一种压迫感。总之，服从本质上也是基于双方为同一目标努力的合作行为。

(三)特定关系中的言语沟通应用

特定关系指交流双方因各自社会(职业)身份而结成的服务与被服务

的关系。例如师生关系、医患关系、司乘关系等。在特定关系中,双方言语交流要符合各自社会(职业)身份的特定要求,尤其是服务方。具体可表现为各个行业的行业规范和道德操守等相关规定和约束。例如,作为教师,要符合教师行业"教书育人"的基本职业要求,无论是课题讲解还是和学生的课余交流,言语行为都要表现得耐心、细心、热心,做到关心、爱护学生。作为学生,要尊敬师长,和老师对话时要注意礼貌,多用谦辞和敬辞。

三、传播渠道与言语沟通应用

(一)面对面沟通

当交流双方面对面沟通时,主要运用口语交换信息。这种交流有如下特点:其一,口语是即兴的,现想现说的,因此对语言规范要求不高,交流者不可避免会出现一些口误等,只要不影响沟通效果,允许补充和修正。其二,面对面沟通呈线性传播状态,有稍纵即逝的特点,听者如不保持一定的注意,可能会出现误听、漏听等情况。其三,面对面沟通过程中交流双方会呈现大量的副语言辅助口语信息的传达,因此,双方使用的口语较简单明了,或有省略。面对面沟通是最普通的沟通形式,沟通双方轮流作为传、受者传递信息,这种沟通形式互动性最强。

(二)书面文字沟通

书面文字沟通指传者使用书信等可见的书面形式与受者进行交流。首先,传者在书写书信时,往往有更多酝酿和修改的时间,因此相对面对面沟通来说,书面文字沟通更加符合语法、句法等语言使用规范。其次,传者和受者一般不见面,缺乏当面补充、修正信息的机会,也没有副语言辅助信息,这就要求书面信息要尽量准确、清晰、具体,避免影响沟通效果。最后,书面文字信息可以保留,受者可以反复阅读,加深对信息以及传者的记忆。例如,在中国海峡两岸的亲人只能书信往来的时期,书信就承载了他们彼此浓浓的亲情,可谓"家书抵万金"。书面文字沟通可用于达到较正式的交流目的以及难以见到受者、不便于见到受者等情况下。

(三)网络沟通

网络沟通指交流者借助网络传输技术进行的信息互动交流。交互性是网络沟通最主要的特征。人们可以通过电子邮件、MSN、网络论坛、微博、Facebook、微信等平台,实现一对一的个体互动交流,或一对众、众对众的多点式互动交流,信息传递四通八达。融合性是网络沟通的第二个主要特征。由于技术的成熟,在网络上,人们既可以通过文字形式呈现信息,也可以通过表情等传达大量的非语言符号信息,甚至可以通过视频聊天实现"面对面"交流,同时可以传送其他的视音频文件和图片。可以说,网络沟通融合了面对面沟通和书面文字沟通的特点,是信息表现形态最丰富的交流手段。虚拟性是网络沟通的第三个主要特征。网络的交互性使得人们的交际范围不断扩大,许多网络公共论坛被迅速建立起来。在这些论坛中,人们可以隐匿真实姓名、性别、职业等身份信息,以一个虚拟身份与他人进行交流。虚拟性一方面使人们的自由度加大,言语沟通比平时更加随意、想象力更加丰富;但同时,虚拟性也给网络人际关系带来一定的风险,因为交流者提供的信息的真实性是很难考证的。

由于传播手段丰富、传播范围广、速度快,人们对网络沟通的依赖性也越来越强,网络给人们生活提供了很多便利,也提高了传播效率。但

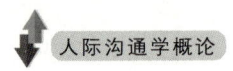

是,由网络引发的青少年网瘾、网络诈骗等问题也不得不引起人们的重视。

四、传播环境与言语沟通应用

(一)有形环境

有形环境指沟通行为发生时,双方所处的可见的物理场所,大致可分为三种:私密处所、公共场所和特定场所。私密处所指交流一方或双方的私密空间,例如个人住宅。在私密处所交流的双方一般具有较亲密的关系,私密处所的环境也是交流双方或一方比较熟悉的,所以交流气氛一般比较轻松、随意,双方交谈也比较容易深入。公共场所指为一般社会公众服务的、具备某种社会功能的场所,例如供人们休闲的公园、供人们就餐的餐馆等。在公共场所的言语沟通一定要符合相关法律、法规和社会公德的要求,以不损害他人利益、不影响他人正常活动为基础,例如不要大声喧哗、不散布谣言、注意礼貌用语等。特定场所指为了实现某种特殊沟通目的而设置的场所,比如用于授课的教室、用于商务谈判的会议室等。在特定场所,交流者的言语首先要遵循相关的礼仪要求,例如商务礼仪、外交礼仪等;其次,对言语沟通的有效性要求较高,例如教师授课语言要比一般交流语言更准确、更清晰,以保证知识能有效传达。

(二)无形环境

无形环境指交流双方的文化背景、个人经历等不可见因素。无形环境决定了一个人基本的言语习惯和言语风格。还以小说《孔乙己》为例,咸亨酒店里,封建落魄文人孔乙己与拿他取乐的农民看客的言语方式就大相径庭。看客们毫不留情地高声嚷道:"孔乙己,你一定又偷了人家的东西了。""什么清白?我前天亲眼见你偷了何家的书,吊着打。"这样的言语表达方式表现出旧社会中农村底层百姓的麻木和冷酷;孔乙己涨红了脸争辩道:"窃书不能算偷……窃书!……读书人的事,能算偷吗?"这样欲盖弥彰又酸文假醋的话,充分体现了封建文人的迂腐和潦倒。

　　通常情况下,交流双方在无形环境中的重合因素越多,越容易找到共同话题,越容易适应对方的信息传达方式,交流的障碍就越少;反之,障碍越多。当一对陌生的交流者进行交流时,特别要注意寻找与对方在无形环境中的重合部分,以减少交流障碍。面对与自身无形环境差别较大的交流对象时,要运用包容心态接纳不同的表达方式,多采用询问和重述的方式避免误读对方信息。

思考题:

1. 请结合实例,谈谈在沟通中准确使用语言对你的帮助。
2. 请结合实例,谈谈在沟通中因使用语言不当形成的障碍。
3. 在你的理解中,有效使用语言最重要的标准或特点是什么?为什么?

第四章　非言语沟通

第一节　非言语沟通与非语言符号

一、非言语沟通与非语言符号

非言语沟通/传播英文对应词语为 Nonverbal Communication,国内外学者对此概念的定义众多。① 例如,马兰德罗、巴克认为:非言语传播是个人发出有可能在他人头脑中产生含义的非言语暗示的加工过程。阿盖尔认为:非言语传播就是一个人有意或无意地用面部表情、音调、气味、手势、身体接触、空间行为、服饰等渠道影响他人。李茂政认为:凡是运用

---

① 由于国内学者多将 Nonverbal Communication 译为非言语传播,所以以下引文中非言语传播与非言语沟通具有同等含义。

语言符号以外的所有传播行为都被称作非言语传播。①

宋昭勋 2008 年出版了《非言语传播学》,这是中国大陆第一本关于非言语沟通/传播研究的学术著作。在书中,宋昭勋为非言语传播下的定义为:赋予除言语行为(说话和书写)之外的一切社会行为及其语境因素以意义的过程。②

非言语沟通是与言语沟通相对应的概念。言语沟通指在人类的交流活动中,人们通过语言符号体系进行的交流行为和结果。相应的,非言语沟通即人利用自身或环境中的非语言符号体系进行的交流行为和结果。非言语沟通以非语言符号为手段。

二、非语言符号的类别划分

非语言符号是人类交流行为中以非语言方式呈现的交流符号的总称。由此可见,非语言符号涉及的形态和表现方式多种多样。为了便于分析,学者们将非语言符号进行了相应的分类。

(一)有代表性的学者的类别划分

1. 日本学者田中春美等的类别划分③

田中春美等学者将非语言符号分为两大类。第一类是身势语言,包括手和眼在内的一切身体动作,具有视觉特征;第二类是副言语,伴随有声语言的语音、语调、语速等因素以及一些功能性发声,如咳嗽、叹息等,

---

① 宋昭勋.非言语传播学[M].上海:复旦大学出版社,2008:8.
② 宋昭勋.非言语传播学[M].上海:复旦大学出版社,2008:8.
③ 宋昭勋.非言语传播学[M].上海:复旦大学出版社,2008:10.

具有听觉特征。

2. 哈里森的类别划分[①]

哈里森(Harrison)认为非言语传播包含以下四种符号：

(1)表述符号：通过肢体运动来表达的符号，如表情、手势与身体的动作等。

(2)人造品符号：与实物有关的符号，如建筑、对象、摆饰等。

(3)媒介符号：与媒体有关的符号，如影像、镜头的运作、音乐等。

(4)时空符号：与时间、空间和距离有关的符号。

3. 学者张国良的类别划分[②]

张国良在其主编的《传播学原理》一书中按照接收者的接收方式将非语言符号划分为视觉符号和听觉符号两大类，在视觉符号中又划分出具象符号和抽象符号两类。

(二)非语言符号类别划分依据

从以上有代表性的学者观点来看，由于非语言符号来源广泛、表现形态多样，几乎很难有一种分类能包括所有的非语言符号。因此，按照不同的视角进行划分，可能更有助于解析不同表现形态的非语言符号在某个视角上的共性。笔者认为非语言符号的类别可以从以下两个角度来划分。

1. 按非言语信息的来源划分

即按照非言语信息发出的源头的差异来划分非言语符号类别。可以

---

① 秦琍琍,李佩雯,蔡鸿滨.口语传播[M].上海：复旦大学出版社,2011：12.
② 张国良.传播学原理[M].上海：复旦大学出版社,1995：104-105.

分为三类:人体非语言符号、时空非语言符号、实物非语言符号。本书中采用这种分类法来解析不同的非语言符号的特征及意义。

2. 按接收者感官接收方式划分

即按照接收者的感官接收途径的差别来划分非语言符号类别。可以分为以下四类:视觉非语言符号,听觉非语言符号,触觉、嗅觉非语言符号,复合感知性非语言符号。

三、非语言符号的解读

按上文中非言语信息的来源,将非语言符号划分为人体非语言符号、时空非语言符号和实物非语言符号三类,以下将从这三类中再进行细分,解读表意丰富的非语言符号。

(一)人体非语言符号

所谓人体非语言符号,是指承载着综合或特定信息的由身体器官、躯干、四肢等不同身体部位表现出的形态或做出的动作。

1. 相貌

相貌是指人的整个身体常态下的外在基本形态,包括体型、体姿和五官形态。有研究证明,某些相貌特征,比如明亮的双眼、对称的五官、偏瘦或中等身材被认为是具备魅力的。[①] 相貌是陌生人之间形成第一印象的重要因素之一。一般来说,具备大多数人公认的相貌魅力的人,更容易得

[①] PEARSON,NELSON,TITSWORTH, et al. Human communication[M]. New York:McGraw-Hill,2003:11.

到他人的关注,尤其是在演讲、作报告、记者招待会采访等公众社交场合中。不同时代、不同文化中,人们对相貌魅力的审定标准也有差异。例如,在中国古代社会,由于女性多操持家庭事务、相夫教子,所以,体态婀娜、低眉顺眼的温柔型女性被更普遍地认为具有吸引力。而在多元价值观并存的当代中国,随着女性就业领域的扩大,参与社会事务能力的增强,对女性的美的评价标准也更多元。温柔秀丽型的传统美女依然受人关注,但是,从事军事、政治等领域工作的五官硬朗、行动干练型的女性也展现出别样的美感。

2. 表情

表情被称为"心情的晴雨表",在非语言符号中,面部表情是不同文化、不同种族的人们认识最趋一致的一种。人类有六种感情表现方式基本相同:高兴、害怕、愤怒、忧伤、厌恶、惊奇。美国语言学家艾伯特·梅瑞宾曾提出一个被广泛引用的沟通公式:沟通的总效果=7%的语言+38%的声音+55%的表情。当然,这是在一定的测试条件下得出的实证结果,并不适应所有的沟通情景,但是,这条公式说明非语言符号尤其是表情符号在沟通中承载了众多信息。表情中,眼睛的传情达意比较明晰,经常被称作"目光语",目光语通常有以下几种作用:指示关注和兴趣度,调整沟通状态,传达某种感情,定义双方的地位及关系。

在面对面沟通中,人们可以通过直接观察交流对象的表情来判断对方的情感和情绪。在书面文字沟通中,情绪和情感就需要通过文字描述去传达,相对间接一些。网络表情符号的发明在某种程度上弥补了这种缺憾,把模拟的表情符号与文字语言一起传达,使情绪和情感信息更明确、更丰富,起到了接近面对面沟通的效果。

图 4-1　委屈与愤怒的表情　　　　图 4-2　逢迎与得意的表情
（话剧《黑洞先生》剧照一）①　　（话剧《黑洞先生》剧照二）②

3. 身体动作

作为非语言符号的身体动作包含身体的整体体姿和四肢的局部动作。整体体姿是躯干和四肢配合的人的基本动态，传达出人的整体精神面貌和性格特征；而四肢的局部动作在具体的交流语境中变化比较丰富，经常伴随语言发出，传达语言中附着的情感态度信息。其中，手势在交流中起到的表意功能最丰富，经常配合语言同步发出，形成手势语。

（1）整体体姿

整体体姿可分为常态体姿和非常态体姿。常态体姿是一个人性格、心理状况和长期经历累积而形成的身体外在状态的基本特征。比如，昂首挺胸表现出一个人的自信心较强，腰背提拔展示出沉稳、有担当的形象。非常态体姿则是在具体的沟通情境中，人为了传达某种清晰可辨的情绪状态而主动采取的体姿动态。

（2）手势

在不同的沟通情境中，手势与语言配合使用，成为身体动作中最重要

---

① 剧照由黑洞先生剧社负责人辛鑫提供。
② 剧照由黑洞先生剧社负责人辛鑫提供。

的沟通符号。因传播功能差异,手势可以分为礼仪性手势、造型性手势、指示性手势等几种主要类别。礼仪性手势往往用于特定的礼仪仪式中,在各种文化环境中有约定俗成性。比如,在佛教国家泰国,人们通常用双手合十的佛教礼仪相互问候。造型性手势是人们审美化的表达情感的方式,比较具有情感感染力,很适合群体互动使用。演艺明星与公众互动、亲友聚会拍照等社交活动中经常会采用这种手势活跃气氛,增进情感。指示性手势在某些服务行业中比较常见,如航空公司、银行等。

图 4-3　亲友聚会拍照常以造型性手势活跃气氛

第四章 非言语沟通

图4-4 加油鼓劲的造型性手势

第一步：五米开外的举手示意
第二步：站相迎
第三步：请坐
第四步：笑相问
第五步：点钞，请注意
第六步：请输入密码
第七步：请核对信息并签名
第八步：请收好单据、证件及随身物品
第九步：目相送

图4-5 指示性手势图例：银行柜面人员行为礼仪规范九步法①

---

① 银行柜面人员行为礼仪规范九步法由长安银行股份有限公司服务礼仪规范内训师徐珊演示。

79

4. 副言语

也叫伴随言语,指各种有声而无固定意义的声音符号系统。宋昭勋将副言语分为两大类:言语造型类和功能性发声类。

(1)言语造型类副言语

言语造型类副言语体现为承载特定情感态度的声音的音量、语速、语调、音质、语气、节奏等外在的声音造型方面的变化,这种声音造型变化是附着于语词的表达呈现的。

音量:声音的大小。

语速:说话的整体速度。

语调:说话的腔调,就是一句话里声调高低抑扬轻重的搭配和变化。语调意义就是说话人用语调所表示的态度或口气。

音质:声音独特的共鸣音,比如沙哑的、粗重刺耳的、鼻音、呜咽等声音。

语气:思想感情运动状态支配下语句的声音形式。

节奏:在完整语篇段落中出现的声音的高低快慢的回环往复特征。

(2)功能性发声类副言语

这类副言语又可以分为两个类别:特征音和阻断音。特征音是承载特定情感的笑声、哭声、叹息声等没有语词的、表达某种强烈感情的声音形式。阻断音是填充在语句当中的填充音和缓冲音,比如"嗯""啊"等助词和"你知道""well""like"这类简短的承接性词语,表现出说话者的迟疑、谨慎等态度或思考的过程,阻断音过多说明说话者思路不够顺畅。

(二)时空非语言符号

跨文化传播学研究先驱爱德华·霍尔(Edward Hall)在其经典著作

《无声的语言》中,主要研究了人类非言语交流行为的文化意义,他将十种人类活动称为文化的基本讯息,即互动、组合、生存、两性、领地、时间、学习、游戏、防卫和开发。霍尔系统研究了不同文化中的人们与时间和空间互动的不同状态。从时间来看,存在着周期性、价值性、紧迫性等多种元素;从空间来看,存在着空间范围、边界、方位等多种元素。人们组合时间和空间元素的方式,形成了不同文化中的时间观念和空间观念,时间观念和空间观念潜移默化地塑造了不同的人的行为方式和器物文明。

1. 空间

在不同的文化中,人们组织和利用空间元素的模式也不同,比如处理毗邻空间、空间布局、言谈中的身体距离等。霍尔在他的空间研究著作《隐匿的维度》(*The Hidden Dimension*)中提出了空间关系学(Proxemics)概念,他观测了不同文化中的空间概念以及它们对现代社会的不同影响,论证了人们空间观的差异对个人关系、商务关系、跨文化交际、建筑、城市规划和城市改造的影响。

(1)领域范围

对空间的感知源于动物本能中的领地欲,包括空间的区域范围、等级、方位、边界等多种元素。从基本生存层次开始,行为学者用领地欲一词来描绘生命有机体占有、适应和捍卫领地的行为,"人类的历史很大程度上就是我们努力从他人那里攫取空间的历史,也是捍卫自己的空间以防外人入侵的历史"[①],在不同的文化中,人们组织和利用空间元素的模式也不同。霍尔在《无声的语言》中曾经举过典型的例子:对于办公室的空间布局在法国文化和美国文化中大相径庭。美国人的模式是将办公室

---

① 霍尔.无声的语言[M].何道宽,译.北京:北京大学出版社,2010:38.

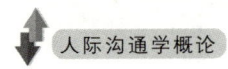

的一部分空间平均划分,所以,当有新同事加入时,几乎所有的人都要重新挪动办公桌,与新同事平均分享空间,如此,新同事便"融入"了这个集体;而法国人不会为了一个新同事重新分割空间,通常会给新来者分配一个不起眼的角落,这种"不让位"的空间处理行为,表现出一种地位的差异。

(2)交际距离

在《隐匿的维度》一书中,霍尔详细研究了交际距离与人的沟通行为之间的关系。此前,学者海德格尔曾对动物行为进行研究,他的研究认为动物在与其他同类个体相处的时候形成了一系列的距离单元,包括战斗距离、危机距离、个体距离和社交距离。通过样本调查和访谈,霍尔第一次提出人类交际的四种距离关系:亲密距离(0~45cm)、个人距离(45~120cm)、社交距离(120~360cm)、公共距离(360cm 及以上)[①],在不同的沟通距离中人们的社交关系和社交行为也是不同的。

需要说明的是,霍尔的研究是基于 20 世纪 60 年代对美国东北部沿海地区的部分本地居民的调查样本得出的,并不能作为放之四海而皆准的标准。尤其是人们在沟通过程中对彼此身体距离的控制是有文化差异的,比如拉丁美洲人习惯的交谈距离就比美国人习惯的交谈距离近。另外,该调查是在常规环境下进行的,受特殊因素(噪音、照明等)影响,人的沟通距离和行为可能会发生改变。

2. 时间

在不同的文化中,不同的思维习惯和价值观直接影响人们看待时间和运用时间的方式,形成不同的时间观。在人们的交往过程中,时间观潜

---

① HALL. The hidden dimension[M]. New York:Random House Inc,1969:117-124.

移默化地影响人们的行为。在跨文化交往中,很多沟通中的障碍或误会往往源于不同文化中时间观的差异。

(1)一元时间与多元时间

一元时间(Monochronic Time)与多元时间(Polychronic Time)由霍尔提出。一元时间指在一个时间段内只做一件事情,时间的安排方式是线性的,每个时间段都会被安排一件事情,下一个时间段再按顺序安排下一件事情,类似于时间被安排得满满的那种感觉。多元时间指一个时间段里可以安排几件事情,在做一件事情的同时,可以做其他事情。持一元时间观的人对时间非常看重,重视守时,甚至于刻板;持多元时间观的人对时间并不太看重,生活节奏并不紧凑。一元时间是工业化的必然产物,多元时间是传统农业社会的遗产。一元时间讲究长计划,短安排,一次只做一件事,日程僵硬不变,人成为日程的奴隶。线性时间被切割为日程表中支配人事的片段。总之,一元时间带有割裂性、人为性、强制性、奴役性。与此相对,多元时间带有自然性、弹性、人情味。粗略地说,属于一元时间系统的文化有北欧和北美文化,属于多元时间系统的文化有地中海沿岸文化、阿拉伯文化和大多数亚非拉的文化。我们不可在这两种时间体系中作孰优孰劣、非此即彼的价值判断,因为两种时间系统各有利弊。粗线条地说,工业化程度高的文化趋于一元时间文化。一元时间更讲究效率,但缺乏人情味;多元时间更讲究水到渠成,但效率较低。由此可见,两种时间体系是相互补充的关系。[①]

[①] 何道宽.呼唤比较文化的新局面——兼评《跨文化交际学选读》[J].上海外国语学院学报,1991(4):77-81.

表 4-1　一元时间与多元时间的对比

对比内容 对比系统	一元时间	多元时间
综合特征	长计划,短安排,一次只做一件事,已定日程不轻易改变	没有严格的计划性,一段时间可做多件事,讲究水到渠成
形象比喻	像一串珠子,空间上一个位置只容一个珠子;像一间封闭的屋子,一次只容一人进入	像一堆散落的珠子,无所谓时间和空间秩序;像一家开放的茶馆,所以办公务时可以同时与几个人会晤
思维习惯	线性思维、线性逻辑、缜密思维、习惯思维、条块切割的思维	整体思维、全息思维、形象思维、"科学"思维、理性思维、直觉思维、情感思维、"前科学"思维
大概分布	工业化程度比较高的地区,如北欧与北美	工业化程度较低地区,如地中海沿岸、阿拉伯和大多数亚非拉地区
相对优点	讲究效率,尊重个人"私事权"	富有自然性、弹性和人情味
相对缺点	人为性、强制性、奴役性,日程的僵硬不变使许多假以时日可以完成之事功败垂成	效率较低,个人"私事权"较少

(2) 不同的时间取向

美国人类学家克拉克洪与斯多特贝克提出了人类文化的五个价值取向模式,认为无论哪一种文化,都必须解决五个基本的价值取向,其中一个基本价值取向为时间取向。可以分为三种:一是过去时间取向,强调传统和尊重历史。二是现在时间取向,通常注重短期和眼前。三是未来时间取向,强调长期和变化。过去时间取向主要存在于高度重视传统的文化里,他们崇拜祖先,尊重师长,重视年龄和经验,比较循规蹈矩,中国社会就是比较典型的过去时间取向的文化环境;在现在时间取向的文化中,人们倾向于重视当下的生活,不太关注已经发生的和将来可能发生的事情,如传统的伊斯兰文化,菲律宾、拉丁美洲一些国家的文化;未来时间取向的文化很注重变化,克拉克洪与斯多特贝克以及霍尔都认为这种时间取向存在于美国社会。

(三)实物非语言符号

1. 装饰性实物符号

这类实物主要用于装饰,起到美化修饰或传情达意的作用。人用到最多的装饰性实物就是衣服和饰品。通过服饰对个人进行美化修饰,会起到尊重交流对象、提升自信的作用,在商务会谈、面试应聘、采访、演讲等正式公众场合,衣饰一定要得体,可以配合自然修饰性妆容,凸显个人气质和良好的精神面貌。在一些相对私密的社交场合,服饰还起到特定的传情达意作用,比如在情侣约会时,相对性感的服饰体现信任感和亲密感。

2. 寓意性实物符号

寓意性实物符号可以有多种实物形态,主要用来传达某种特定含义。常见的有定情信物,比如手镯、戒指;家传藏品,往往蕴含着家庭信仰、家风、家教等信息。还有一些寓意性实物符号借助某种实物的谐音来传达广义的祝福信息,比如苹果寓意平安,橘子寓意吉利。这些符号经常被用来作为礼品设计的依据。

3. 仪式性实物符号

仪式性实物符号用在特定文化的特定仪式中,从仪式的主体来分,可分为国家、民族性的群体纪念仪式和个体、小家庭性的人生成长仪式;从仪式的性质来分,可分为政治性仪式、文化性仪式、宗教性仪式等。在群体纪念性、政治性、重大文化性和宗教性仪式中,特定的建筑、器物往往承担特定含义。

例:中国古代皇家祭天仪式

祭天历史源远流长,据传始于黄帝。古人对祭天非常重视,以祭天的场所天坛为例,原占地272万平方米,面积比紫禁城(故宫)还大些。明清时,皇帝亲诣的祭天典礼有"春正月天地合祀""春正月祈谷大祀""孟夏常雩大祀""仲夏大雩大祀""冬至祭天大祀"等,又有"升配""告祭"等典礼活动。每次祭天,都极尽奢华,仪式繁复,仪器考究。以"春正月天地合祀"为例,牲要用28头牛、33只羊、34口猪、2只鹿、12只兔,祀前一个月供养于牺牲所。祭祀前三日,皇帝开始斋戒,前二日,书写好祝版上的祝文,前一日,宰好牲畜,制作好祭品,祀日前夜,由太常寺卿率部下安排好神牌位、供器、祭品。皇帝由宫中外出时,还要摆列大队仪仗,这个仪仗称为"卤簿"。乾隆十三年(1748年)钦定大驾卤簿队列中,最前列的是四头大象,这叫导象,后面再跟五头大象,这叫宝象,因为身披珠宝做成的垫子,上面还要背上宝瓶,宝瓶里放着火绒、火石等,这是满洲旧俗中的必需品,祭祀时抬出来,以示不忘本。后面是乐队,然后是金辂、玉辂、象辂、革辂、木辂五种豪车,后面又是180人的乐队。后面才是皇帝正式的队伍,浩浩荡荡,绵延数里。①

---

① 皇帝祭天[EB/OL].[2018-08-09]. https://baike.baidu.com/item/%E7%9A%87%E5%B8%9D%E7%A5%AD%E5%A4%A9/14117691? fr=aladdin.

(四)非语言符号的解读

1. 解读什么信息?

(1)即时信息

解读非语言符号,首先要判断发出者的即时信息。即时信息指与具体语境直接关联的、交流者通过非语言符号传达的情感态度信息。这里的语境指某个有明确目的的具体沟通过程,比如一次情侣约会,一场商务会谈等。即时信息目的性比较明确,通常会通过动态明显、意义明晰的表情、目光和身体动作表现出来。

(2)背景信息

背景信息指交流者在非语言符号的使用过程中,渗透出的年龄、阅历、职业、价值观等稳定信息,它与具体语境不一定有直接关联。人们由于年龄、阅历、职业、价值观等差异,会形成不同的沟通表达形式。如果在沟通过程中不注意分析背景信息的话,可能会造成信息误读,换句话说,如果仔细分析非语言符号背后的个人背景信息,会减少信息误读的概率。

即时信息是由具体沟通场景变化而引起的传播信息变化,是首先需要解读的信息;但是,一个人的年龄、阅历、职业、价值观等背景又会对个人的非言语传播方式产生相对固定的影响,所以在非语言符号的解读过程中,既要考虑动态的即时信息,也要考虑相对稳定的背景信息,综合分析信息含义。

2. 如何解读

(1)整体解读

非语言符号的解读有一定难度,首先,非语言符号来源多且由不同的人体感官来接收;其次,非语言符号具有多义性。同一个意思可以通过多种非语言符号进行表达,有时一种非语言符号也可以表达几种含义,所以在非语言符号的解读过程中,要把多种非语言符号视为整体来解读,综合分析信息含义。

(2)配合言语行为解读

在大部分情况下,非语言符号作为语言符号的辅助形式,指向性与语言信息一致,用于强化或补充语言符号所传达的信息,尤其是情感态度信息。但是,在一些特殊情况下,非语言符号传达的信息与语言符号不一定相符。这类情况较多体现在副言语的表现上,比如,从字面意义来看,一句话的含义是热情的,但是,如果说话者在语气、语调方面有特别的表达,就可能传达出别样的含义。例如,"你今天穿得真漂亮!"用不同的语气、语调就可能表达出赞美、嘲讽、嫉妒等多种含义,所谓"听话听音"就是此意。

(3)参照个体行为特征解读

如上文所述,每个人的年龄、阅历、职业、价值观等背景信息会对人产生相对稳定的影响,使人形成比较固定的性格气质,并且外化为个体比较明显的行为特征。比如温柔的人说话语速慢、动作轻缓;急躁的人喜欢高声快语、动作幅度大。对长期打交道的沟通对象,要注意观察他一贯的个体行为特征,避免出现信息的误读;对与自己个体行为特征差异较大的沟通对象,也要注意沟通时的适应性和包容性。

(4)参照文化差异解读

当今世界,不同国家之间、地区之间、民族之间的交往日益频繁,旅游、访问等短时期接触异质文化会给人带来新鲜感,但是随着海外留学、异国婚恋、跨国工作等生活工作形态的增加,一些人需要长期在异质文化环境中生活。但是,他们由于受自己成长环境中的文化习俗潜移默化的影响,已形成某些行为习惯,当这些行为习惯与所在的新环境的文化习俗差别较大时,会产生文化冲突,造成困惑或不适应。因此,来自不同文化背景的交流双方,一定要尽量站在对方视角,参照对方的文化习俗解读非语言符号信息,以包容的心态看待文化差异。

第二节　非言语沟通的功能与特性

一、非言语沟通的功能

在大部分情况下,言语沟通是人们沟通时使用的最主要的手段,非语言沟通常常同步伴生,共同传情达意。但是,在一些特定情境下,非语言沟通也承担独立表意功能。

(一)伴随言语功能

1. 补充功能

由于种种原因导致言语表达不够充分时,人们通常使用大量的手势或表情来补充言语未能传达的信息。有时,还会使用相关的场景实物来补充信息。低龄儿童词汇量小,语法规则掌握较少,组织语篇的思维能力有限,所以成人在与他们沟通时,也要以大量的非语言符号来补充言语信息。

2. 强化功能

强化功能一方面用于强调某些希望沟通对象识记的内容,常见于商务会谈、教师授课、法庭辩论等正式谈话场合,表达者通常在言语语流中使用副言语中的音强、节奏、语顿等变化来体现;另一方面用于强调附着于语言中的强烈情感,当情感非常强烈时,还可以通过手势、表情等的明显变化来综合传达。

3. 调控功能

在伴随言语的过程中,非言语沟通还具有调控功能。调控功能主要表现为:第一,调控言语节奏。比较长的语流往往需要适当的停顿或转换,相当于书面语中的段落层次划分,具体可以通过较长的语顿或明显的语气转换来实现,也可以通过某种特定的手势来实现。第二,调控交流气氛。在某些交流中,由于气氛紧张、内容枯燥等原因使得沟通双方出现不愉悦或注意力不集中等情况,为了使沟通变得积极融洽,沟通者可以通过空间距离变化、实物介入、交流语气调节、节奏变化等方式营造让人放松的沟通氛围。

(二)独立表意功能

1. 替代(言语)功能

替代(言语)功能指用非语言符号来替代相应的语言符号传播信息,一般传递的信息比较简单。通常适用于三种情况:第一,在言语沟通无法进行的语境中。比如在一些影视剧中,受到监控的人员之间使用眼神、手势等打暗号传递信息。第二,在言语沟通不便进行的语境中。比如在一些正式的演讲会场中,为了不打扰其他听(观)众,个别人之间靠肢体动作、表情等传递信息。第三,在言语沟通不顺畅的语境中。在这种语境中,交流对象之间语言不通,但是交流的信息比较简单,可以用手势、表情等进行替代。

2. 角色定位功能

角色定位功能指交流者之间通过非语言符号，彼此暗示或强化在不同沟通语境中各自的身份角色。这种身份角色既有源于血缘关系的辈分角色，也有职场中的层级角色，还有特定场合中的指挥者与被指挥者角色等。需要说明的是，一个人在不同的沟通语境间转换时，要作出适当调整以适应不同的角色定位。中央电视台曾经播出过一则敬老孝亲的公益广告：一位企业老板，在公司态度严肃地开会；回到家中，则表情体态夸张地扮演京剧角色哄老母亲开心。

二、非语言沟通的特性

(一)广泛性

首先，非语言符号来源广泛，包括人体动作来源、时空信息来源、实物信息来源等。其次，传播媒介广泛，既有人体本身，也包括有形的外物（比如实物）和无形的外物（比如时间）。

(二)下意识性

非言语信息的发出或反馈都是直接诉诸感官的，是有机体在某种刺激下的本能反应，具有下意识性，适合表达情感信息，不适合表达逻辑关系复杂的理性信息。反之，言语信息要经过理性思考再通过感官进行表达和接收，具有非下意识性。下意识性信息不易掩饰，非下意识性信息易掩饰。

(三)整体性

非言语沟通具有整体性特征,可以从横向和纵向两方面来分析。横向方面指多种非言语行为伴生来表达整体含义,由于非语言符号本身来源广泛,又具有下意识性,因此沟通者在使用中经常综合多种非语言符号来传达某种思想感情。比如,多年未见的同学重逢,可能会通过拥抱、流泪、大声呼喊等多种非言语行为表达欣喜兴奋之情。纵向方面指非言语沟通具有时空连续性,在一段沟通过程中,言语行为可能会发生间歇或中断,但下意识性的非言语行为却在持续,尤其是由人体直接产生的表情、体姿等静态信息,悄无声息地体现着交流者内心的真实情感。

(四)多义性

非言语沟通还具有多义性,人体本身传播的非语言符号具有相对接近的含义,比如人的某种情绪导致的人的本能的表情、体态等。但是,不同的文化会赋予某些非语言符号特定的含义,比如有的民族以拥抱表示问候,但有些民族在问候时却不允许身体亲密接触,尤其是异性间。在此,以拥抱来表达问候就产生了解读的多义性。此外,相同的非语言符号在不同的语境中也会产生不同的含义,这在一些仪式性活动中比较典型,一些非言语行为和器物在特定的语境中被赋予特定的含义,而脱离这个语境,这些非语言符号也具有其他含义。

(五)暗示性

暗示性指在某种文化语境下,人们赋予某种非语言符号(通常是实物)特有的寓意,这种寓意往往给人趋吉避凶的心理暗示,是一个民族在长期生活中积累而成的文化积淀的外在体现。这些寓意经常与人的婚丧嫁娶等人生大事相关联,被赋予某种寓意的非语言符号也成为文化载体。

例:花馍的文化寓意

馍,面制食品,中国北方人之主食。中国北方农耕民族把人的喜怒哀乐、七情六欲巧妙地融进了馍这一食品之中,塑造出动物、植物、人物等多种形态,并且赋予家庭和睦、子孙满堂等寓意,从而诞生了花馍。陕西渭南、山西等地的花馍形态尤为丰富,隋唐时期花馍艺术逐渐形成,到宋代已经非常成熟。中央电视台纪录片《舌尖上的中国》对此进行过专题拍摄。陕西师范大学妇女文化博物馆中展出的陕西渭南地区的不同形态的花馍达数十种,有鱼馄饨、牛馄饨、虎形馍、莲里生子馍、圆糕、寿馍等。它们展现出我国劳动人民的智慧和勤劳,也集中体现了农耕文化中以家族血缘关系为核心的人际关系形态和以和睦为指向的文化特征。

图 4-6 牛馄饨花馍和圆糕花馍(陕西师范大学妇女文化博物馆馆藏藏品)

第三节 非言语沟通与环境制约

一、自然地理环境与非言语沟通

(一)地貌、气候与非言语沟通方式

地球上不同地区的地貌和气候条件千差万别,沙漠干燥,雨林湿润,两极严寒,热带高温。不同的地貌、气候条件为人们提供了不同的基本生活环境,进而衍生出特定环境下的人的基本生活习惯和地方风俗,构成了地域性明显的群体性格特征,并通过非言语沟通的方式表现出来。在气候温润多雨的江南之地,人的心思细密、情感细腻,非语言符号的运用丰富而内敛,人说话时的语气、语调等通常比较婉转平缓;在气候寒冷干燥的漠北高原地域,自然条件严酷,人在与自然抗争的生活历程中形成了豪放倔强的性格,在非言语沟通方式上经常表现出不拘一格、高声朗语的特点。在各地方艺术形式中,因地貌、气候而产生的非言语沟通方式的差异表现尤为集中。音调婉转迷离的昆曲有如江浙地区的绵绵细雨;安塞腰鼓齐舞的场面震天动地,与黄土高原的风沙沟壑气脉相承。

(二)物产、风物与非言语沟通内容

不同地区的地貌和气候滋生了各地独有的物产,物产指独特自然条件下孕育的动物、植物、矿物等资源。风物是一个地域的民众利用智慧,运用当地物产创造出来的有传承历史的地方食品、工艺品等实物。物产

图 4-7　包装精致的台湾特产伴手礼

和风物经常会作为实物非语言符号出现,发挥装饰性、寓意性、仪式性功能,并且通常与各地的各种节日风俗和人生仪式相关联,成为地域文化的承载物,传递着人类情感。人们到异地旅游,都会带些当地的物产和风物,有助于对当地文化的深入了解。在跨文化人际传播中,通过物产和风物等实物传递感情,也是容易突破语言障碍、建立基本情感沟通的有效形式。

二、社会人文环境与非言语沟通

(一)文化生态与非言语沟通

简单来看,文化生态可分为单一文化环境和多元文化环境。因自然地理等条件限制,与外界交往不太便利的社群多为单一文化环境,比如热带雨林中的某些部落;还有一种情况是某些族群因特殊原因迁离原来的居住地,与其他族群融合,为了保留自己的文化,特别保留族群的语言、风

俗等文化承载形式。在这些单一文化环境的社群中,群体价值观认识趋同,会比较稳固地保留着极具文化特色的群体性风俗仪式,这些风俗仪式也大多是通过非言语沟通的方式保留的。科技、经济比较发达的大型城市,尤其是有国际影响力的大型移民型城市往往是多元文化环境,这些城市中行业众多,人口流动性强,人们来自多个国家或一个国家的多个地区,在非言语沟通方面的表现差异较大,同样的含义,不同文化背景的人的非言语沟通方式也会不同,在一定程度上增加了解读的难度。但是,由于各种文化背景的人会在工作、生活中产生交集,为了更好地沟通,大家都比较尊重彼此的差异,对不同文化的接纳性较强。

(二)管理制度、规则与非言语沟通

管理制度和规则指为了在一定范围的公共生活中最大化地维护大多数人的利益而指定的协调群体之间行为关系的一系列的指导原则和具体细则。一个国家或地区的社会公共管理制度、规则的特色以及严苛程度会对当地居民的非言语沟通方式产生潜移默化的影响。在管理制度和规则指定详尽、执行有力的情况下,人们会很快养成遵守习惯,比如不随地吐痰、机动车在斑马线要礼让行人等。当管理制度、规则带有相应的处罚时,人们会更遵守公共规则,公共场合的秩序相对良好。反之,在一个管理制度和规则不完善、执行不力的环境中,人们考虑自身行为与群体中他人的关系的意识不够强,行为的散漫性、自我性相对较强。

(三)宗教习俗与非言语沟通

宗教是具有相应仪式的人类的信仰认知体系。基督教、伊斯兰教、佛教并称为世界三大宗教。此三种宗教是目前世界上仅有的三个各自被一

部分国家列为国教的宗教,如基督教在欧美一些国家、伊斯兰教在中亚和西亚一些国家、佛教在东南亚一些国家分别被列为国教。宗教的仪式活动是宗教的外在表现形式,非语言符号种类繁多,因而在各种宗教仪式中发挥着重要的沟通作用。尤其是在一些全民信仰某种宗教的国家或地区,人的日常行为有很强的宗教色彩,成为明显的人文特色。在拉萨的大街上,经常可以看到虔诚的佛教徒行磕长头的礼佛仪式。

例:磕长头礼佛仪式

"磕长头"是藏传佛教信仰者至诚的礼佛方式之一。磕头朝圣的人在其五体投地的时候,是为"身"敬;同时口中不断念咒,是为"语"敬;心中不断想念着佛,是为"意"敬。三者得到了很好统一。"磕长头"分为长途(行不远数千里,历数月经年,风餐露宿,朝行夕止,匍匐于沙石冰雪之上,执着地向目的地进发)、短途(数小时、十天半月)、就地三种。"磕长头"为等身长头,五体投地匍匐,双手前直伸。每伏身一次,以手划地为号,起身后前行到记号处再匍匐,如此周而复始。遇河流,须涉水、渡船,则先于岸边磕足河宽,再行过河。晚间休息后,需从昨日磕止之处启程。虔诚之至,千里不遥,坚石为穿,令人感叹。[①]

思考题:

1. 什么是非语言符号,如何解读非语言符号?
2. 以某位主持人对副言语的运用来说明副言语的特征及传播功能。
3. 从身体非语言符号角度分析"暖男"有何特征?分析"暖男"受青睐的社会背景因素。

---

① 磕长头[EB/OL].[2018-08-15]. https://baike.baidu.com/item/%E7%A3%95%E9%95%BF%E5%A4%B4/1353861?fr=aladdin.

第五章 聆 听

第一节 聆听中的要素

一、聆听的重要性

(一)何为聆听?

在人类的沟通过程中,说一直是备受关注的部分,从前文对沟通七要素的分析来看,交流双方沟通的过程是一个信息传播——获取反馈——再组织信息进行传播的过程。反馈就是通过交流中的听、观察等行为获取交流对象的语言信息及相应的情感态度信息,为下一轮发出信息做准备。全身心投入地、仔细地听并反馈信息称为聆听或倾听,是获取对方信息的第一步,聆听往往是谈话双方共同的信息反馈行为,有时也明显存在于交流者某一方单向的反馈中。倾听所传递的文化信息可以由汉字"听"的繁体字"聽"的构造中解读出来。"'聽'从'耳'、从'王''德''心'。王者为'圣'/'圣',因为圣者从'耳',故圣者善听,善听不同意见;'王'者天地人合一,由于善听,王者天文地理人事无一不晓。听者从'心',心之功能则思,思为思考;'情'者从心,'心'者为情,听是情感投入。'聽'从'耳'、从'德',德者'仁',仁者爱人、仁者忍,仁者'恕','恕'之敬,'恕'之(同/移)'情','恕'者利人。"① 可见,聆听从"心"开始,要用"心"去听,聆听是行为、情感、认知、道德全部投入和付出地听取信息的过程。

(二)聆听的重要性

听几乎是伴随人一生的能力,有研究证明,人在胎儿和婴儿时期就表现出聆听的基本能力。在一项研究中,研究者选择一些胎儿,在他们出生前六周给他们读《帽子中的猫》这个故事,每天读两遍,一段时间后,当胎儿们再听到这个熟悉的故事时,心跳会比听到新的、不熟悉的故事时更慢(心跳变化被视为听的反应)。②

聆听无处不在。在家庭生活中,家庭成员之间商谈日常家庭事务、彼此沟通感情需要聆听;在学校的教学环境中,课堂上学生识记、消化知识需要聆听;在销售中,善于聆听的销售人员能更多地获取消费者的消费意向、消费心理等信息,也比只知喋喋不休的销售员更容易获得消费者的好感。濒死的病人临终前也非常希望将他/她的人生故事分享给他/她身边的护理者。

聆听者的心态表现为安静、审慎,聆听的状态也比较认真投入,有时还伴有记录的过程,向交流对象表现出一种尊重、重视的态度和有教养的第一印象,有利于营造良好的沟通氛围。对于聆听者自身来说,聆听有助

---

① 贾玉新,孙有中.跨文化交际研究(第一辑)[M].北京:高等教育出版社,2009:8.
② HYBELS,RICHARD,WEAVER. Communication effectively[M]. New York:Mc Graw-Hill,2004:100.

于全面、充分地获取信息,有利于对比较复杂的信息进行逻辑思辨,也有利于充分交流情感态度,推动谈话深入,容易让交流对象对自身产生信任感。

二、聆听中的要素

聆听中的要素主要包括注意力、记忆力和判断力。听者综合运用注意力、记忆力和判断力,对交流对象所说信息进行捕捉、记忆、整合,形成对对方的深度理解,进而形成自己与交流对象进一步沟通的基础。

(一)注意力

注意力是把精神集中于一个事物上并持续一段时间的能力,注意力是人在成长中逐渐培养出来的能力。注意力是重要的个体能力,人在学习的过程中,注意力集中才能学好基础知识并能准确记忆;在执行手术、操作实验等重要实践工作中,长时间集中注意力才能保质保量地完成工作。注意力也是聆听过程中的首位要素。只有集中注意力去听交流对象说的话,才能记住语言信息要点;才能辨别说话人语气、静默等副言语信息中传递出的丰富的情感态度;才能表现出对交流对象足够的尊重,为营造良好沟通氛围打好基础。

(二)记忆力

在集中注意力捕捉信息的基础上形成了对信息的记忆。依照记忆的材料在脑中保持的时间长短,可以将记忆分为瞬时记忆、短时记忆和长时记忆三种类别。

1. 瞬时记忆

瞬时记忆又称感觉记忆。在瞬时记忆中材料保持的时间很短,大约为 0.25~2 秒。大脑对此类信息不做加工和重复,形成的痕迹是浅显而活动的,消失很快,遗忘后不能恢复。[1] 瞬时记忆是人的视觉、听觉等感官对外界的信息刺激瞬间的反应,但不刻意进行记忆储存。例如,一个学生站起来回答老师提问,老师在听的过程中瞬间记住他说的某些关键词,注意到学生的某个表情,但很快就遗忘了。瞬时记忆属于下意识性反应,在聆听的过程中,如果没用特别的记录设备做记录,人通过瞬时记忆记住的信息大部分都会被遗忘。

2. 短时记忆

短时记忆也叫工作记忆。短时记忆是指信息保持时间大于 1 秒但不超过 1 分钟的记忆,一般为 5~20 秒。短时记忆的信息容量一般用组块(chunk)作为单位来测量。组块是指在过去经验中已变为相当熟悉的一个刺激独立体,如一个字母、一个单词、一个数字、一个成语等。米勒(Miller)认为短时记忆的信息容量为 7±2 个组块,这个数量是相对恒定的。[2] 信息在短时记忆中被记忆者以组块化的方式进行控制和加工。组块化是将信息组合成熟悉的、有意义的单元,组块的大小、复杂性因人而异。因此,人在短时记忆中记住的信息容量、对信息记忆的持久性也是有差异的。有经验的职业沟通者的短时记忆一般信息容量较大,记忆也更持久。比如在电视访谈节目中,资深记者可以通过短时记忆的信息存储复述被采访对象陈述过的主要内容,甚至准确重复被采访对象说过的一

---

[1] 唐燕儿.儿童语言学习心理[M].广州:暨南大学出版社,2012:121.
[2] 唐燕儿.儿童语言学习心理[M].广州:暨南大学出版社,2012:122.

句话。短时记忆可以由经过刻意注意的瞬时记忆转化而来,如果经过重复就变成不易遗忘的长时记忆。

3. 长时记忆

长时记忆是指1分钟以上直到许多年甚至保持终身的记忆。大脑对需要长时记忆的信息内容进行储存前的主动、积极、反复加工,因此形成的痕迹大都是深刻的、牢固的,保持时间较长,遗忘后大都能回想起来。[①] 长时记忆是个体在教育经历和日常生活中经过反复学习识记和实践活动后,在大脑中对某些事物形成的固定持久的记忆。比如,儿童在早期的语文学习中反复吟诵识记经典诗词,大部分人脑海中会形成长期记忆,可以准确地进行背诵。在即兴的沟通交流中,因为说者一般不会重复言语信息,听者很难现场形成长期记忆,所以,重要的谈话、演讲中往往会用摄录设备记录现场的言语信息,便于听者事后反复观看、记录音像资料形成更多的长时记忆。在聆听过程中,说者言语中如果涉及与听者长时记忆储存的信息相关联的信息,就很容易引起听者的兴趣并使其迅速形成记忆要点。

在聆听的过程中,听者有意识地将瞬时记忆、短时记忆和长时记忆相结合,尽可能地记住说者谈话中的重要信息。

(三)判断力

判断力是建立在记忆力基础上的,是聆听者将记忆储存的信息进行分析并形成判断的能力。判断力分为认知判断与价值判断和情感判断。

---

① 唐燕儿.儿童语言学习心理[M].广州:暨南大学出版社,2012:122.

1. 认知判断

认知是指人脑以感知、记忆、思维等形式反映客观事物特性及其关系的心理过程。在聆听过程中,认知判断主要是听者对说者语言符号信息的内在含义的判断。听者捕捉说者的语言信息,运用头脑中已有的知识和经验去概括地认识事物,形成关于事物的概念、事物的本质及其内在的联系和规律的判断。

2. 价值判断和情感判断

价值判断是听者通过对说者信息进行认知判断后对说者所陈述的事物或观点的评判,可大致分为赞同、反对和中立三个取向。情感判断是听者对说者的整体性的情感态度趋向。一方面,这是在价值判断基础上形成的对说者的整体性的情感态度,比如听众在一个权威专家的演讲中由于对演讲者所讲述事物的强烈认同而形成对演讲者的欣赏之情。另一方面,它来源于听者对说者说话过程中的非言语信息的感知形成的情感态度。阿里巴巴总裁马云热情乐观,在很多论坛、访谈、演讲等场合讲话时眼神坚定、面带微笑、语言铿锵有力,听者很容易受到其风度的感染,产生乐观向上的积极心态。

判断力需要听者的认知、情感的综合投入,在聆听过程中,听者结合自己的感知和思维对说者的言语信息和个人特性做综合判断,从而与说者进行互动。听者的认知判断、价值判断和情感判断因人而异,会形成对说者不同的评价,直接影响听者与说者的沟通关系和沟通效果。

第二节 聆听的类型

按照听者对听取信息采用的不同处理方式和目的性差异,可以将聆听分为三类:记录性聆听、思辨性聆听和情感性聆听。

一、记录性聆听

(一)记录性聆听的特点和目的

记录性聆听存在于听者和说者角色区分比较明显的信息交流中,说者讲述的信息有专业知识、权威信息、证言等,信息比较重要,听者主要记录说者的语言信息,一般配合采用笔记或录音录像方式,尽可能完整无误地记录下说者表述的信息。记录性聆听的目的是真实搜集、记录说者的原始语言信息,因此记录性聆听的过程以说者单向传递为主,一般较少采用问答式互动。适用场合有理论性知识传授的课堂、法庭庭审、重要事件的新闻发布等。

(二)记录性聆听案例分析

例:学生听一堂理论讲解课程的片段[①]

这个案例根据笔者参加的陕西省第二届高校微课教学比赛的"语气

---

① 本案例文字和照片根据笔者参加的陕西省第二届高校微课教学比赛授课视频记录整理。

理论及应用"授课现场视频记录整理。这堂课以播音主持专业学生创作的儿童绘本为例，讲解语气理论并指导学生在作品创作中准确使用语气。

图 5-1　教师在微课课程中授课

图 5-2　学生在微课课程中的记录性聆听状态

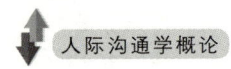

课堂前半部分主要以教师讲解理论为主,后半部分以分析讨论作品为主。课堂讲解的理论包括语气的概念、语气的感情色彩、语气的分量等,在此过程中,以教师单向讲述分析为主,教师的讲述速度较慢,并不断重复强调知识点,提示学生内容的重要性,现场大部分学生凝神专注地注视着老师或现场演示的课程PPT,并伴有现场记笔记或拍照记录PPT的行为,对于语气的概念等教师提示学生准确识记的重要知识点,大部分同学都以笔记方式进行抄录。这个案例中学生的聆听类型就是典型的记录性聆听。

二、思辨性聆听

(一)思辨性聆听的特点和目的

思辨性聆听是听者对交流对象所说的语言内容通过思辨进行认知判断和价值判断的过程。思辨性聆听的目的主要是辨别交流者传递的语言信息的内涵、价值、真伪等。在思辨性聆听的过程中有较多互动,听者有时会采用询问或质问等方式获取更多信息,以深入了解、推敲和核实交流对象话语传递的信息内容。思辨性聆听的适用场合有商务谈判、辩论比赛、分析性调查采访等。

(二)思辨性聆听案例分析

例:中央电视台《新闻调查》栏目的一期节目——《眼球丢失的背后》中记者王志采访报道片段[①]

中央电视台《新闻调查》是典型的深度调查栏目,每期节目都以记者

---

① 视频地址:http://xiyou.cctv.com/v-bb75e6d0-3360-11e4-89a6-d29fa354baaa.html。

第五章 聆听

深度访谈的方式调查某个重要新闻事件或热点现象。节目调查的新闻事件一般头绪较多、问题较复杂，访谈中记者需要认真做好思辨性聆听，对被采访者的谈话进行思考分析。1999年该栏目播出了一期节目《眼球丢失的背后》。节目调查的起因是这样的：1998年10月，北京市人民医院眼科医生高伟峰，因手术急需眼角膜，便私自到医院太平间取走一个死者的两只眼球，将其角膜移植给了两个眼睛受损的病人，死者家属非常愤怒，以盗窃罪起诉高伟峰。医院方希望以适度赔偿的方式让死者家属撤诉；全国眼科协会一些专家考虑到因我国捐献器官紧缺的现状导致高伟峰的不当行为，对高伟峰表示声援；而法律界人士又指出对高伟峰行为作出准确司法解释的困难性。记者王志采访了死者家属、医生高伟峰、接受手术的患者、眼科专家、法律界人士等相关人员，做了大量的调查、核实、分析等工作。在访谈中，正是在仔细思辨性聆听的基础上，王志的提问才层层深入，抽丝剥茧。其中，王志向当事医生高伟峰核实其取眼球的动机的一段采访，运用了典型的思辨性聆听。

采访片段对话如下：

高伟峰：那天的情况是这样，一个被碱烧伤的病人，整个角膜已经被碱腐蚀得非常非常薄，而且在局部已经出现了穿孔，所谓穿孔就像我们的这个墙壁或者蛋壳破了一个洞，这时候唯一的方法就是做角膜移植。其余任何方法都不可能解决他的问题，如果不做的话，那么这个洞就会越来越大，眼里面的内容物就要淌出来，淌出来以后那么他将永远失去复明的机会。

王　志：那你是什么时候决定给这个将要（眼角膜）穿孔的病人做手术的？

高伟峰：1998年的10月13号，10月13号的下午4点钟。

王　志：决定做手术的时候是不是先应考虑到角膜的来源呢？

高伟峰：那是啊，应该是，决定做手术的时候就要考虑到角膜的来源，因为在我的冰箱里面是还有一个存着的角膜的。

解　说：晚上8点，高伟峰为第二天的手术做准备时发现所存角膜由于时间太长已经损坏。

高伟峰：突然就是一个想法，去哪儿找？因为角膜平时只有从尸体上来，那么就想到了太平间或许会有。

解　说：高伟峰带着剪刀、镊子去了太平间。

高伟峰：到了那儿以后跟那个看门的师傅一说，我要找一个角膜材料，能够救一个病人，看看有没有合适的，这个老师傅就说那你就去看看吧。进去以后呢，伸手拉开的第一个冰箱，就发现一个非常非常适合医学上我们所要求的一个角膜材料。那么两个一块取下来后，装了假眼，我们医学上叫义眼。把她的外形给她恢复得完全像她那种自然状态一样，非常逼真。

王　志：为什么要这样做呢？

高伟峰：就是希望不要破坏患者（死者）的容貌。

王　志：那出于对死者的容貌的爱护之外（注：王志在"之外"两字上加重了语气），放这个假眼球有没有担心被别人发现的成分？

高伟峰：在当时那种（情况），没有，没有这种想法。

王　志：那当时你的目的是去取角膜，为什么要连眼球一起取下来呢？

高伟峰：角膜移植的目的就是要保持角膜本身的活性。这个角膜的活性完全是依赖于它的内皮的，那么这种内皮层就需要非常精细的操作才能够保护住。再一个呢,你单纯地取角膜,就像我们做手术一样,那么这个角膜片本身的污染这种危险性要大得多,而取整个眼球就会避免这些问题。

王　志:但是你做手术需要的是一只角膜,为什么要取两只?

高伟峰:我说取了一只眼睛,那么另一只眼睛同样也能救一个人。那一只取下来了,那么另一只也取吧,就是这样。

王　志:那你们平常去太平间去得多吗?

高伟峰:不,一般不去。

王　志:你这是第几次去呢?

高伟峰:我这就是第一次。(略带尴尬地笑了笑)

王　志:第一次去?(注:王志可能注意到高伟峰的表情,质疑了一下)

高伟峰:对。

王　志:那当时进去的时候你是什么感觉?

高伟峰:是一种阴森森的感觉吧。

王　志:第二天你是什么时候给患者做的手术?

高伟峰:就是一上班就给他做了。

王　志:手术成功吗?

高伟峰:手术成功,目前这个病人的视力恢复到了 0.05,裸眼的视力,这个视力按照我们世界盲目的一个通行标准,属于脱盲的范围,他就脱了盲,那么他的生活自理就是毫无问题的。

王　志:第二只眼球呢?

高伟峰:在 20 号,把这个角膜移植给了北京的一个老人。

王　志:20 号?

高伟峰:对,应该是 20 号。

王 志:也就是说,你取眼球这个事情大家已经知道了之后?

高伟峰:这件事情发生之后,大家都觉得很稀奇,起码就是说都觉得很惊奇吧。那么就在我准备给她(指第二个接受角膜移植的患者)做的时候,这时候公安局的同志他们来了解情况,我的手术本来是上午的,结果就被推迟到了下午,在把情况向公安局的同志说清楚之后,做的这个手术。

王 志:你刚才说大家对这个事情感到很惊讶和好奇,你觉得为什么对这个事情感到惊讶?

高伟峰:惊讶么,我想大家好像就是没有听到过这样的事情吧?怎么尸体上的眼球会被人偷走?就是被人拿走了?

王 志:"偷走"和"拿走"有区别吗?

高伟峰:"偷走"和"拿走"我觉得应该是有区别的。

王 志:有什么区别?

高伟峰:偷,我想这个东西(停顿片刻)起码就是说,他要有一个目的,要有利益的关系在里边。那么就像我们通常所说的小偷,他总要从中牟取某种利益,那么他主观的目的是个人要从中得到一些东西,这样一个概念我想才叫偷。

王 志:那现在对着我们的镜头你能跟我们说在这两起手术中间,没有你个人的利益吗?(注:王志直视高伟峰,并加重了疑问语气)

高伟峰:没有,这个是绝对的。

思辨性聆听的目的主要是辨别交流者传递的语言信息的内涵、价值、真伪等。王志的采访目的就是了解高伟峰取眼球的动机,并判断他是否在说谎。在思辨性聆听中,听者对说者的信息不能误听并要仔细辨别,必须高度专注。在这段采访中,王志凝视高伟峰,提问也字字清晰,精神极为专注。高伟峰的语言陈述有些拉杂,不断有"那么"等间隔语出现,但王志对其语言陈述的关键信息听辨极为仔细,不断以提问的方式与高伟峰互动,从"决定做手术的时候是不是先应考虑到角膜的来源呢?"到"放这个假眼球有没有担心被别人发现的成分?"到"当时你的目的是去取角膜,为什么要连眼球一起取下来呢?"再到"但是你做手术需要的是一只角膜,为什么要取两只?"王志不断对听到的信息继续追问,在整体上形成了层层递进的思辨的逻辑链条,获取了高伟峰取眼球的详细过程。此外,王志还对高伟峰讲话中的关键性词语进行及时捕捉,听到高伟峰说"偷走"和"拿走"这两个词,立即追问高伟峰这两个词是否有区别、有什么区别,以分析其主观心理动机。可以说,王志的思辨性聆听能力在这段采访中表现得淋漓尽致。

三、情感性聆听

(一)情感性聆听的特点和目的

情感性聆听指听者带着某种情感态度或情感倾向听交流对象诉说并与之沟通的过程。情感性聆听的目的主要是听者主动感受交流对象的内心世界并与之沟通(交换)情感。在情感性聆听过程中,听者的主动交流意识较强,往往会通过言语和非言语方式表达应和、理解、关切等情感态度或倾向,通常会在交流过程中形成互动性较强的沟通关系。情感性聆听的适用场合有朋友间开导式谈心、情感访谈、心理医生心理疏导对话等。

(二)情感性聆听案例分析

例:《职来职往》节目主持人李响席地而坐面对 130 厘米女选手[①]

图 5-3 《职来职往》节目中主持人李响与嘉宾杨佳旻对坐

《职来职往》是中国教育电视台一频道播出的大型职场真人秀节目,求职者现场展示才能和就职意向,每期邀请多位来自各行各业的"职场达人",以亮灯和灭灯的方式对参与节目的选手进行评判,决定他们能否前往 100 家知名企业工作、能否与自己心仪的工作岗位"牵手",同时现场针对每一位选手的情况提出来自职业和职场的宝贵意见。[②] 该节目主持人李响外形阳光、帅气,非常善于情感性聆听,体察现场参与者尤其是选手的心理状态和情绪变化,营造良好的沟通氛围。在 2012 年 5 月 25 日播出的节目中,现场来了一位选手杨佳旻,她患有先天性侏儒症,身高只有

---

① 视频地址:http://video.tudou.com/v/XMTc5ODg0MDgyMA==.html,图片截取自节目视频。
② 中教一套打造《职来职往》 求职节目欲东山再起[EB/OL]. (2010-11-30)[2018-05-06]. http://ent.sina.com.cn/v/m/2010-11-30/14503162835.shtml.

130厘米，求职目标是新东方的英语讲师岗位。一开场，杨佳旻笑容满面，声音洪亮，声称要成为"俞敏洪老师眼中的一棵树"。李响也微笑称赞道："我觉得在佳旻出场的过程中感觉到有个大大的能量正在不断地从她的身体里迸发出来。"但是，在播放的选手短片中，选手一直提及自己的身高缺陷，并且表达了自我调节心态的方式："面对生活我只能告诉自己，全世界只有自己一个人存在，别人喜欢你会主动与你交往，不要介意别人的看法，因为'举世皆浊我独清，众人皆醉我独醒'。"诚然，生活中确实存在不尊重残疾人的人，但是杨佳旻的心态也有些自卑、敏感和封闭。现场3位职场达人马上提及杨佳旻的心态问题，指出她存在的自我封闭心理可能会使自己变得固执和过于自我，指出想跟他人做朋友的话，要主动接近他人而不是被动等别人来接近。杨佳旻渐渐低下了头，情绪也有些失落。李响此时注意到了杨佳旻的表情，他邀请杨佳旻做了一个"实验"，和杨佳旻相向席地而坐，面对面问道："佳旻，你现在告诉我我们俩的世界到底有什么差别？"杨佳旻脸上掠过一丝惊喜，回答："没差别。"李响接着又向大家讲述了一个小故事：自己160斤重的母亲怕别人笑话其身材而不愿去游泳，他劝妈妈说其实泳池中并没有那么多人关注她的身材。由此，李响开导杨佳旻："你只选择看130厘米世界的眼光去在乎的话，你永远都觉得好大压力，其实，我们未必是这个世界的中心。"李响与选手席地而坐，利用平等的视角坦诚相对，让内心敏感的杨佳旻感受到极大的尊重。同时，以讲述自己劝解妈妈的故事进行类比，避免了大话空话，也避免了对选手的直接批评，利用善意的劝解，化解了杨佳旻的心结。这一番"实验"，正是真诚、友善的情感性聆听的结果，此举让杨佳旻脸上现出自信而感动的笑容，也赢得了在场嘉宾和观众的一片掌声。

第三节　如何训练良好的聆听习惯

一、妨碍聆听的因素

(一)交流噪音

妨碍聆听的客观因素主要是沟通七要素中的交流噪音,如前文所析,交流噪音可分为外部因素噪音、心理因素噪音、生理因素噪音。比如,交流双方处于一个露天农贸集市中,这样的环境就容易产生嘈杂的外部因素噪音,不容易营造聆听的氛围;在一个周围互为陌生人的火车车厢中,人与人之间天然带着警惕和防备的心理,这样的心理因素噪音就不利于进入情感性聆听状态;听者如果由于生理疾病等产生生理因素噪音,聆听需要的专注力、记忆力、思辨力等也会受到影响,也不容易进入聆听状态。

(二)对他人的偏见

妨碍聆听的因素还包括听者的主观原因,主要是由听者对交流对象的偏见所致。偏见是对某一个人或团体所持有的一种不公平、不合理的消极否定的态度。偏见产生的原因主要有三个。其一,团队之间存在利益冲突。当人们认为自己有权获得某些利益却没有得到,把自己与获得这种利益的团体相比较时,便会产生相对剥夺感,这种相对剥夺感最可能引发对立与偏见。其二,人的习得,尤其是模仿习得。儿童从父母、朋友、老师和周围其他人的言谈举止中进行模仿学习,周围人尤其是父母等长辈,经常与人接触时的表现和态度即儿童学习的榜样。假如儿童成长氛围中存在偏见,比如严重的种族歧视,儿童就可能通过模仿学习形成偏见。其三,个人的人格和心理因素。权威主义人格、投射心理作用、挫折感强等都易产生偏见。

偏见妨碍聆听。偏见通常表现为对他人或团体的臆断、片面的评价、过度的自我认同和对他人的排斥、否定。带有偏见的人在与他人交流时,往往不愿深入听取对方的表述,只顾陈述自己的观点,或者对对方的陈述进行消极或否定的语言评价,表情、肢体动作也体现出冷漠、傲慢等态度。

二、培养良好的聆听习惯

(一)消除聆听中的噪音

在与他人交流时,首先要尽力排除交流中的外部因素噪音,尽量避免嘈杂的环境,而要选择安静、干扰因素少的环境,避免误听或听取信息不充分。在重要谈话中需要交流双方都集中精力,才能进行互动性较强的思辨性聆听或情感性聆听,如果有生理疾病或临时性的不良心理状态影响人的体力和情绪,应尽量避免进行重要谈话。如果记者、律师等因工作需要进行重要谈话,可以适当对交流对象表明自己的生理疾病或临时性的不良心理状态,以获得交流对象的理解。

(二)聆听的心理状态

聆听要做好积极的心理准备,调整好心理状态,以开放的心态和换位思考方式对待交流对象。

1. 开放的心态

每个人的个性气质有先天差异;每个人在成长过程中受到不同的文化背景、政治制度、教育经历的影响,思想观点千差万别。随着全球经济文化交往的深入,人的社会角色不断丰富,沟通范围扩大、频次增加,跨文化沟通能力成为现代人的必备素养。不同思想观念的人要想顺利实现沟通,必须要有开放的心态,以尊重之心,对他人不同的思想观点先静心听取,再行思辨、选择。开放的心态有利于人们更广泛地搜集信息,也有利于更客观地处理信息,进行思辨性聆听;开放的心态能促使交流对象畅所欲言,营造情感性聆听氛围。带着开放的心态去聆听,能帮助人们从不同角度吸取更多观点。每个人只有一张嘴但有两只耳朵,而且耳朵分别朝着相反的方向,这提醒人们不仅要少说多听,而且要善于听取不同意见。

2. 换位思考

如前文所述,偏见是妨碍聆听的主要因素之一,因此要尽力避免存有偏见。偏见把自我与他人或自我所在的某个团体与其他团体相对立。在与他人沟通过程中,换位思考有利于避免偏见。换位思考指站在对方立场上看待和思考问题,这样,原本狭隘的视角就会被拓展,固执的观点就可能松动,过高的自我评价也可能获得反省。有换位思考意识,在沟通中才会仔细听辨沟通对象的信息,而不是一味排斥和拒绝;有换位思考意识,会以平和、专注的状态投入聆听,也会投入更多的真情实感,进行真正的情感性聆听。前文案例中主持人李响与残疾人选手相向席地而坐的"实验",正是主持人换位思考,体谅侏儒症患者因身材矮小产生敏感封闭的心理,从而选择一个平等的坐姿相对,以平等的视角表达自己对选手的尊重,取得了良好的沟通效果。

(三)聆听中的反馈

聆听不只需要用心、用脑、用情地听,还需要通过言语反馈和非言语反馈表明听者对听到信息的思辨和情感态度,以达到和交流对象深入互动、交换信息的目的。

1. 聆听中的言语反馈

(1)"听"与"说"的比例

"听"与"说"的比例指双方交流中各自说话与聆听的时间长度比例。在记录性聆听中,说者与听者有比较明显的角色区分。说者传递的信息一般都是专业知识、权威部门发布的信息等,需要听者准确记录,听者以"听"为主,很少"说",在记录不充分时或遇到疑问时对听者进行提问,得到解答或核实即可。在思辨性聆听或情感性聆听中,交流对象之间互动性比较强,没有绝对的说者与听者的角色区分。在采访、心理咨询等工作性谈话中,一般仍然是被采访对象、被服务对象等"说"的比例较大,实施工作者(记者、医生等)"听"的比例较大;而在自由交谈中(如亲友聊天)或双方角色对等的交谈中(如商务谈判),交流双方"听"与"说"没有明显的比例差异。

(2)"听"与"说"的时机

在聆听中的言语反馈还应注意时机。在记录性聆听中,尤其在专业演讲或专业知识讲座中,为了保证说者传递重要信息的完整性,听者提出疑问或核实信息等最好在说者完整的一段讲话的间隙、专门安排的互动交流或歇息时间里进行。在交流目的比较明确的思辨性聆听或情感性聆听中,比如采访或商务谈判,提问、核实信息等较复杂的言语反馈最好在对方完整表述一段话的间隙出现,不打断对方说话的思路。表示应和、赞同等态度的"嗯""是的"等简短言语反馈可以随时进行,以体现对对方的持续关注。在聊天等自由交谈中,言语反馈的时机则不必太拘泥。

2. 聆听中的非言语反馈

(1)本能性与自发性反馈

聆听中的非言语反馈可以分为本能性反馈与自发性反馈。本能性反馈是交流对象的言语信息和情感态度被听者解读后,直接引发听者产生喜怒哀乐等情感或态度,并通过非言语方式表达的情感信号。自发性反馈是交流者在聆听过程中,为了强化自己的情感态度,主动通过非言语方式表达的情感信号。在记录性聆听中,由于听者主要记录客观信息,不太容易夹杂过多感情因素,非言语反馈通常较少。在思辨性聆听中,交流双方主要交换的是言语信息,要控制本能性反馈和自发性反馈等非言语反馈的分寸。在情感性聆听中,情感传递和互动是重要的沟通方式,因而本能性反馈和自发性反馈等非言语反馈都可以表达得充分一些。

(2)非语言传播符号的运用

无论是何种类型的聆听,都是伴随言语沟通过程而产生的。在言语沟通的过程中,人体的体姿主要以站姿和坐姿为主并且保持相对稳定的形态,所以非言语反馈中非语言传播符号的运用也以人体体姿的微动态为主,主要表现为上半身的体姿动态和面部动态,其中,手势语、表情语、目光语运用较多,但动作幅度不宜过大,辅助言语传播信息即可。

思考题:

1.聆听有哪几种类型?分别具有什么特点?
2.妨碍聆听的因素有哪些?
3.请举例谈谈一次对你产生有益效果的聆听经历。

第六章　基础人际沟通

这一章探讨的是前文中提及的狭义的人际沟通的规律。狭义人际沟通（英语对应词汇是 Interpersonal Communication），指个体双方运用语言和非语言符号进行信息交流和互动并形成持续的人际关系的人类沟通行为，为区分于广义人际沟通概念，可以称之为基础人际沟通或双人互动型人际沟通。相应的人际关系就是建立在双方（两人）之间相互依存的交往关系。交往双方保持某些一贯的互动方式，并且双方的交往持续或长或短的一段时间。这种最基本的人与人之间的沟通方式广泛地存在于人们的日常生活、工作中。西方人际沟通的研究中也有很多对两人之间的沟通行为的调查和分析。持续有效的基础人际沟通是人在家庭、职场等各种环境中建立人际关系的前提。

第一节　东西方人际沟通研究

一、西方人际沟通研究

(一)西方人际沟通研究发展历程概述

人际沟通研究在西方传播学研究领域占有重要的地位。从 1950 年代开始，西方人际沟通研究大致经过萌芽成长、理论成熟、研究拓展三个时期，受到社会学、心理学等学科理论的支撑，关注人际沟通对大众生活质量的影响，产生了很多研究方向和有代表性的理论观点，逐渐与大众传播并列成为主要的传播研究领域，目前美国许多高校都开设了人际沟通课程并将其作为传播学研究生的研究方向之一。[①]

1950 年代到 1960 年代是西方人际沟通研究的萌芽成长期，研究主要集中在态度改变和说服等方面。1959 年社会学家戈夫曼(Goffman)出版的《日常生活中的自我呈现》最早说明了自我表达和自我形象的概念。1967 年心理学家瓦茨莱维奇(Watzlawick)等人合著《人类沟通语用学》一书，借用许多心理学上的案例，阐述人际沟通行为如何有效改善亲密关系。这两部著作都对人际沟通的研究产生了深远影响。此时，传播的研究焦点从原先热门的大众传播逐步转向人际沟通，学者们呼吁正视人际

[①] 由于国内学者多将 Interpersonal Communication 译为人际传播，所以以下引文中人际传播与人际沟通具有同等含义。

关系和人际沟通对大众生活的质量可能带来的改造和提升。① 1970年代到1980年代西方人际沟通研究进入理论成熟期,产生了很多重要理论,包括传播关系、符号学、建构主义等多视角下的人际沟通理论等,人际沟通学逐渐发展为趋于成熟的学术专科,与大众传播学并列成为主要的传播研究领域。1990年代以来进入研究拓展期,伴随着媒介技术的发展和所涉及公众利益范围的扩大,人际沟通研究不断拓展新的议题,产生了媒介中介传播、健康传播、职场沟通等多个研究方向,涉及跨文化、女权主义等多个视角,积累了大量新的理论观点和实际应用成果。

(二)代表性理论

1. 戈夫曼的拟剧理论

美国社会学家戈夫曼是符号互动论的代表人物,1959年戈夫曼出版了著作《日常生活中的自我呈现》,"戈夫曼开宗明义,指出本书所用之观点是拟剧论,其原理从舞台演出的艺术原理引申而来。该著作要回答的问题简单说是两个:'人为什么演戏?'以及'人怎样演戏?'围绕这两个问题,戈夫曼发挥了互动论的'情境定义'和'角色表演'概念,并贡献了'印象管理'的观点,这3个概念可视为戈夫曼拟剧论话语的关键词"②。戈夫曼以个人观察为主要资料来源,着重研究日常生活中人们如何运用符号预先设计或展示在他人面前的形象,如何利用符号进行表演,并使表演取得良好效果。戈夫曼认为人与人在社会生活中的相互行为在某种程度上来说是一种表演。我们每一个人就像演员一样,在某种特定

---

① 秦琍琍,李佩雯,蔡鸿滨.口语传播[M].上海:复旦大学出版社,2011:58.
② 于海.社会是舞台 人人皆演员——读戈夫曼《自我在日常生活中的表现》[J].社会,1998(1):47-48.

的场景下,按照一定的角色要求在舞台上表演给观众看。在这个过程中,就必然涉及表演目的、表演方式和表演效果的问题。印象管理的提出为表演目的提供了落脚点,他认为,在日常生活中,每个人都在做戏,小心翼翼地表现自己,以把握自己给他人形成的印象,从而使自身形象能最好地为自己欲达到的目的服务。他将印象管理分为理想化表演、误解表演、神秘化表演和补救表演,表演的最终目的都是塑造一个良好的形象。戈夫曼把专门为陌生人或偶然结识的朋友所做的动作称为前台行为,而将只有关系更为密切的人才能看到的、暴露个人真实情感的动作称为幕后行为。例如,饭店的服务员在"前台"接待顾客时扮演的若是一种恭维的角色,回到"幕后"——厨房扮演的也许是一种批评的角色:"你看他那副傻样!"所以,人类的演出一般都具有欺骗性,人不会在"前台"暴露自己的真实情感。但是,有时演员在表现一种(前台)印象时,会由于他无意识的或不恰当的表现使观众觉察或观看到另一种(幕后)印象。尽管人们常常知道人仅仅是在扮演各自的角色,他们还是要保护演员的角色。因为,如果印象受到挑战,演员"丢了脸",就会使观众和演员都感到窘迫。① 戈夫曼用成熟的戏剧符号理论体系解释日常生活中的人际互动行为,创新了人与人之间互动的模式研究。

2. 人际互动学说

这是关系视角下的人际传播学说的一个代表性理论。关系传播学说的一个基本观点是:人类通过制度化的传播使关系体系得以产生,传播和关系具有千丝万缕的关联,两者相互影响。20世纪60年代,帕罗阿尔托小组研究群体的学者瓦茨莱维奇(Watzlawick)、简妮特·比文(Jeanette

---

① 薛可,余明阳.人际传播学[M].上海:上海人民出版社,2012:73.

Bevan)、唐·杰克逊(Tang Jackson)等给问题家庭提供心理咨询服务,产生了重要的关系传播研究成果,逐渐发展成互动理论,也被称为语义理论或关系传播理论。这种理论的主要观点是:传播研究者把研究传播的关注点放在个体身上是错误的,无助于把握人际活动的本质。在关于人际传播的研究中,应当高度重视传播或传播活动传受双方的关系问题,一定要重视和考虑传播发生于其中的情境(context)。因为这些情境可能影响传播或人们对传播意义的理解。尽管情境问题并非瓦茨莱维奇等人首次提出,但能把传播看作发生在人际关系中充满活力的互动,应该算是这种互动理论对传播研究的主要贡献。[1]

3. 不确定减少理论

不确定减少理论是在1975年由伯格(Berger)和卡拉布雷泽(Calabrese)提出的。该理论是在系统科学和心理学论的影响之下提出的。不确定减少理论最初的学术关注点是陌生人之间如何进行人际传播,后来该理论已经为理解若干传播行为提供了基础,诸如恋爱关系中的传播、跨文化交流中的传播、组织环境中的交流等。[2] 不确定减少理论认为,人际互动过程中存在的不确定性是形成人际传播行为的原动力,并且对个体处于不确定性状态时的行为方式提出了预测。不确定减少理论的前提是,处在人际互动中的个体被人际关系的张力驱动来减少环境中的不确定性。[3] 该理论具有十分精致的次演绎结构,公理和定理十分严密。伯格和卡拉布雷泽把个体最初的互动行为分成三个阶段:关系建立阶段、人际交往阶段和关系退出阶段,以区分不同阶段的人际互动的基本特征。不

---

[1] 刘蒙之,赵天天,孙婷婷.西方人际传播学说研究[M].西安:陕西人民出版社,2016:89.
[2] 刘蒙之,赵天天,孙婷婷.西方人际传播学说研究[M].西安:陕西人民出版社,2016:196-197.
[3] 巴克斯特,等.人际传播:多元视角之下[M].殷晓蓉,等译.上海:上海译文出版社,2012:168.

确定理论提出了七项公理,认为人际互动的不确定性是与以下几个变量相联系的:语词输出、非语词兴奋、信息搜索、自我表露、相互性、相似性和喜爱程度。在此基础上,又推导出了21条法则,归纳人际沟通过程中的互动规律。该理论的提出对人际传播研究作出了重要贡献,"不确定性"成为人际传播研究的重要问题。不确定性减少理论的核心思想是,在人际互动的最初阶段,个体主要关心如何减少不确定性以增加交际双方行为的可预见性。[①] 后来,学者们改变了他们原先对于不确定感在一段关系中所扮演的角色的基本态度。布拉代克(Bradac)在讨论不确定感管理的时候提到,并不是所有的人都视不确定感为不舒服的压力,因为每个人对于不确定性的经验和感觉是不一样的。有些学者甚至主张不确定性能够为关系发展带来刺激。也有研究者认为,过度的可预测性并无法满足人们在一个关系当中对于新鲜感的需求,相反,什么事都清清楚楚、可以预料,反而会让一段关系显得乏善可陈。研究也证实,不确定性提升的互动行为在人际关系中可以是正面的,因为这种不确定感能够提高彼此之间的吸引力。[②]

4. 社交对换理论

在大多数情况下,人类活动带有很强的目的性。社会个体的互动过程就是人类在社会生活中不断满足自身需要的过程。个体在人际互动中让他人满足其需要的前提条件是满足互动对象的需要,这就是所谓的"交换"逻辑。社交对换理论就是考量人类行为的目的性的"交换"视角下的人际沟通理论成果。该理论由约翰·泰本特(John Thibant)、哈罗德·凯利(Harold Kelly)创立,用来解释人们在交往时有意识地比

[①] 刘蒙之,赵天天,孙婷婷.西方人际传播学说研究[M].西安:陕西人民出版社,2016:198-202.
[②] 秦琍琍,李佩雯,蔡鸿滨.口语传播[M].上海:复旦大学出版社,2011:58.

较收获与投资的关系。人们倾向于保持收获大于投资的人际关系,社交对换理论把人际交往比喻为经济运作的赢利或亏损,这个公式是赢利＝收获－投资。收获包括钱财、地位、爱情、信息、物品和服务等,投资包括为别人办事、送礼物、做你不愿意做的事以及焦虑等。这个理论模式是说每个人都在与别人建立关系时最大限度地寻求收获,而最小限度地投资,如果收获大于投资,就是赢利,你就会对你的人际关系感到满意。这个理论的基础是每个人在与别人交往时都从个人利益着想,每个人的收获和投资不同,得到的多少也不同。① 这个理论从目的"交换"的得失视角看待人际关系的互动。对于在某种比例上所失超过所得的人际关系,人们会倾向于走向终止;而对于某种比例上所得大于所失的关系,人们则更愿意去维系。当然,所失与所得的具体表现、所失与所得的平衡点则因人、因事而异。

5. 面子协商理论

汀-图梅(Ting-Toomey)1998年提出了面子协商理论,这是建立在戈夫曼等人的面子理论、霍尔的跨文化研究基础之上的、对个体在跨文化语境中人际互动问题的深入研究。

中国人类学家胡先缙首先将面子议题带入社科领域,其后,社会学家戈夫曼对面子进行定义,认为面子是个人在某种具体互动场合中,通过采取言语动作而为自己获得的正面的社会价值,是按照社会所赞许的属性而创造的自我形象。他认为人类个体的日常互动行为受到面子文化的影响。布朗(Brown)和莱文森(Levinson)考察了人在社交中的礼貌行为和面子的关系,认为人们讲究礼貌行为的出发点就是要减轻

---

① 吕行.言语沟通学概论[M].北京:清华大学出版社,2009:120-121.

某些人际互动行为给面子带来的威胁。

语境是语言赖以存在、被个体实际使用的环境。跨文化传播学开创者霍尔提出人际传播中的高语境与低语境概念。高语境传播指在人际互动的时候，绝大部分信息存在于物质语境，语言信息只是所有互动信息中极少的一部分。低语境传播则指大多数信息都通过外在的语言方式进行传达。在高语境文化中，言语传播的数量并不重要，个体会寻求背景信息来建立对互动意义的理解；在低语境文化中，个体真实情感的表达和传递较少地依赖语境，较多地依赖具体言语的适当表达。以中国、日本和韩国等国家为代表的东方文化是高语境文化，以美国和欧洲一些国家为代表的西方文化是低语境文化。

汀-图梅对个体在跨文化语境中的人际互动问题进行了全面和深入的探究。她认为，如果参与人际互动的个体来自不同的文化情境，那么他们对于他人"面子"的理解和关心程度一定是不同的，而正是这些关心程度的差异决定了个体处理冲突的不同方式。她将低语境和高语境的分析框架运用到面子协商理论中，在大量实证分析基础上提出了积极面子、消极面子、面子维度等概念。她将面子分为积极面子和消极面子两类，积极面子指的是希望自己的行为获得他人的肯定和赞同，积极面子包括"要面子"和"给面子"。消极面子指的是个人希望保持独立而不受约束，消极面子包括"挽回面子"和"留面子"。在低语境文化中，个体追求的是消极面子。在高语境文化中，个体追求的是积极面子。面子协商理论说明，处在每一种文化语境中的个体都会为他们想要拥有的面子而与互动者进行面子协商，面子协商理论对于研究跨文化语境下的人际互动起到了十分重要的作用。[1]

---

[1] 刘蒙之,赵天天,孙婷婷.西方人际传播学说研究[M].西安:陕西人民出版社,2016:174-177.

二、东方人际沟通研究

(一)东方传统文化基础上的本土化理论建设

西方的传播学传统在很长时间主导着其他文化背景的国家和区域的传播学研究。但是,西方的传播学理论及研究范式是基于西方的哲学价值观和文化背景的产物,有不少学者指出西方人际沟通研究存在一些片面之处,比如强调二元论,重视说服导向的沟通模式,重视理性的传播而忽视沟通中的情感面等。

近年来,越来越多的非西方学者立足本土文化,开始本土化人际沟通理论的建构研究,一些华人学者基于中国传统社会的儒、释、道文化传统,基于伦常观、系统观、辩证观等,进行了重要的本土化理论构建工作。

有的研究者开始着眼于以亚洲文化观点为主轴的传播研究,从亚洲文化里寻找能够整合的相似元素,探讨其中的价值观和思想脉络如何影响亚洲人的传播模式和沟通特点。陈国明从主体论、认识论、价值论、方法论、目的论五个哲学层面进行思考,总结出亚洲人的沟通呈现出直觉性、同理心、静默、保守、间接隐含和偶然性的色彩。关绍箕在其著作《中国传播理论》中,从五个范畴构建中国传播理论,分别是语言传播理论、传播规范理论、人际观察理论、人际关系理论和民意与报业理论。孙旭培主编的《华夏传播论》提出中国传统文化当中的四个传播特性。第一个特性是"传播体制:'定于一尊'的一元格局";第二个特性是"传播取向:'止于至善'的价值追求";第三个特性是"传播技巧:'东方智慧'的凝结";第四个特性是"传播媒体:汉语独特的神韵面貌"[①]。还有一些学者多年致力

[①] 秦琍琍,李佩雯,蔡鸿滨.口语传播[M].上海:复旦大学出版社,2011:205、212、213、214.

于中国本土文化基础上的人际关系研究,翟学伟"围绕'中国人的社会信任模式',通过对中国传统的'五伦'进行分类研究,提出了与西方社会二元对立的普遍信任—特殊信任模式不同,中国人存在着'放心关系—信任关系—无信任可言'的渐进式信任模式"①。

(二)社会变迁和媒介技术发展产生的新课题

在当代中国,一方面,随着市场经济的深入,城市化进程加快,跨文化交流增加,现代价值和传统价值交织存在于中国人的社会生活中;另一方面,随着网络技术的发展,以新媒体为中介的人际沟通行为也造就了新的人际沟通景观。中国当代社会的结构性变迁和网络技术的发展也为人际传播研究提供了新方向,社会的结构性变迁带来的人际困惑和冲突、网络媒介中的新型人际关系等都成为新的研究课题。

转型期的人际关系的变化和人际冲突的解决成为亟待解决的课题。社会心理学家杨宜音认为中国社会心理学在当前急速变迁的社会中,需要以变迁与文化的视角来选择研究问题。而中国社会文化中群己关系的社会心理机制,即"我们"概念的形成机制及其转换的可能与条件,正是一个体现着双重视角的基本问题。杨宜音通过个案研究,提出了一个新的分析框架,即:中国人"我们"概念是在社会情境的启动和价值取向等因素影响之下,经由相互交织的"关系化"与"类别化"双重过程形成的。② 随着互联网和移动互联网的发展,以新媒体为中介的人际沟通现象、人际沟通方式与人际交往关系的研究成为重点。胡春阳做了一系列以新媒体为

---

① 谢明.本土化与新媒介语境下的人际传播研究——第三届中国人际传播论坛综述[J].新闻界,2015(3):40-42.
② 杨宜音.关系化还是类别化:中国人"我们"概念形成的社会心理机制探讨[J].中国社会科学,2008(4):148-159.

中介的人际沟通研究。胡春阳基于中国文化语境,以经验数据分析与理论探索为主要方法,考察手机传播对亲密关系产生的影响。他考察了友谊、情侣以及家庭关系这三种极为重要的亲密关系是如何通过手机传播变得更强、更深、更近的,同时也探讨了由于传播技术尤其是手机的中介,社区意义和亲密关系的变革。① 胡春阳还对微信中的人际关系开展了研究,以微信平台上的传播者行为为样本,采取问卷调查、深度访谈与文献分析相结合的研究方法,分析了微信中的传播者及其人际关系类型,剖析了经由微信的人际传播行为、亲密关系的维持,揭示了和陌生人交友现象以及微信"朋友圈"中的人际传播与关系发展模式。② 张放研究了媒介化类人际传播现象,总结了媒介化类人际传播的特征,并区分了媒介化类人际传播与准社会交往在传播媒介、互动者和互动机制方面的不同。③

第二节 基础人际沟通与人际关系

一、基础人际沟通的特点

(一)基础人际沟通是与他人有质量的交往

我们可以从沟通双方交往的方式、交往的频次和交往的深度三个方

---

① 胡春阳.手机传播与人际亲密关系的变革[J].新闻大学,2012(5):91-100.
② 胡春阳,周劲.经由微信的人际传播研究(一)[J].新闻大学,2015(6):115-124.
③ 谢明.本土化与新媒介语境下的人际传播研究——第三届中国人际传播论坛综述[J].新闻界,2015(3):40-42.

图 6-1　快乐的校园恋人

面来判断交往行为的质量。从交往的方式来看，基础人际沟通讲求互动性，在互动中双方愿意主动交换信息，在交换信息中加深彼此了解。出于职业要求的短暂人际互动不属于基础人际沟通，例如，在公交车上乘客向司机询问汽车行驶路线信息，司机履行工作职责予以回答。从交往的频次来看，基础人际沟通的交往频次比较频繁，有的沟通双方甚至每天要发生多次交往，比如夫妻之间或父母与子女之间。偶尔产生的交往行为，比如在地铁与邻座的陌生人攀谈，但下车后双方不再发生联系，则不能算作基础人际沟通范畴。从交往的深度（沟通双方对彼此产生的熟悉程度、信任程度和依赖程度）来看，人际沟通的交往双方应有一定的交往深度，交往越深，双方交往持续时间越长，彼此信任或依赖的程度也越深。从以上分析来看，基础人际沟通更多存在于家庭成员、同学、师生、朋友等熟人关系中。

（二）基础人际沟通对象可以有选择性

有的基础人际沟通行为建立在以血缘为纽带的家庭成员之间，尤其是亲子之间,这种基础人际沟通一般从人一出生就开始,有牢固的感情基础,并且双方承担一定的法律义务,不能轻易改变,沟通对象往往不可选择。但是,在其他人际关系中的沟通对象就有选择性。在学校中,趣味相投的几位女同学可能互相选择成为好闺蜜;在朋友的生日聚会上,一对陌生男女可能因谈话投机不断增加交往频次和交往深度,最终成为恋人;也有原本是好朋友的双方,因某件重要的事情发生分歧而选择彼此疏远。

(三)基础人际沟通需要多种投入

基础人际沟通需要交往双方共同维系,因而必须付出时间、物质、情感、精神等,才能保证关系结成、维系并稳固存在。基础人际沟通是以双方的信息交流、情感互动为基础的;双方的交往无论采用言语传播或非言语传播方式,都要付出时间得以实现,交往时间越久,双方关系一般也会越密切;同时,通过物质传达感情也是必不可少的,如交往双方互赠礼物等。随着彼此了解的深入、交往时间的延长,良性沟通的双方还会逐渐投入关心、关切、爱恋等多种情感。

二、人际关系的发展过程

此处分析的人际关系的发展过程指交往双方由陌生到熟悉的、交往逐渐深入的过程,一般不包括有血缘关系的直系亲属之间的交往过程。理想的人际关系的发展会经历开始期—尝试期—加固期—完善期—绑定期五个阶段,双方的投入程度、双方关系的稳固程度呈现递进发展的态势。

(一)开始期

这个时期,陌生的交往双方开始沟通,彼此建立第一印象并进行初步评判。具体的情境有新同学开始相互了解,聚会上认识的朋友开始相互交往,刚入伍的战士相互认识等。在这个阶段中,沟通双方的言语信息传递相对有限,通常都是天气、新闻、影视动态等公共信息。因此,出众的外貌、得体的举止等非言语传播信息常常给交往对象留下较好的第一印象。

(二)尝试期

这个时期,在人际关系开始期沟通顺利的双方进一步尝试深入交往。其间,沟通双方开始主动分享部分非私密性个人信息,比如分享个人爱好、邀请对方参加自己的生日聚会等,深入沟通的频次增加。在一个由陌生人建立起来的群体中,绝大多数人的交往都会进入尝试期。

(三)加固期

这个时期,经过尝试期交往的沟通双方自愿建立稳固的人际关系。沟通双方有选择地与他人建立较紧密的人际关系,通常彼此有某些共同点、能产生吸引力。在一个由陌生人建立起来的群体中,人们会选择部分对象进入交往的加固期。处于这个交往时期的交往双方,会主动互相关注,对对方表现出关心、关切等情感倾向,互相分享某些私密信息。

(四)完善期

这个时期,沟通双方建立了比较稳固的人际交往关系,并且自觉化解交往中的矛盾,以维系长久交往关系。能进入这个阶段的沟通双方,彼此具有较强吸引力或较多共性,能形成默契或形成互补。能进入这个阶段的交往者是经过精心选择的,交往中双方付出的情感更多,彼此分享的私密信息更多,彼此信任、支持和帮助也更多。

(五)绑定期

这个时期,沟通双方在建立了稳固长久、彼此信任的良好关系基础上,形成某种形式的相互托付或结成某种情感和利益共同体。由陌生发展至此的人际关系并不多,在这种关系中,双方不仅有情感上的信任、支持和关心,还承担某些道德、法律上的责任和义务。最典型的就是一对伴侣经过相识、相知、相恋进入婚姻,长久(终身)相依。

三、基础人际沟通的基本行为

(一)自我表露

自我表露指对自己的一些个人信息进行有意披露,这些信息通常是他人很难了解的、敏感的或机密的个人信息。当人们之间倾向于发展更紧密的人际关系时,自我表露的行为就会增多。皮尔斯(Pearce)和夏普(Sharp)曾经区分自我表露、坦白和揭示几个概念的差异。他们认为,自我表露是一种自愿行为,坦白是受到外界压力被迫交代的行为,而揭示是一种无意识地透露信息的行为。朱拉德(Jourard)则阐述了自我表露和自我描述的差异。在他看来,自我表露的信息中展现了个人的独特面。自我描述包括更多的公共信息,诸如出生地、个人身份等,自我表露则包括大量的个人信息,诸如个人最害怕的事情,最辉煌的人生时刻,甚至个人的感情经历、酗酒问题等。①

适当的自我表露是对沟通对象信任的表现,也容易获得对方的情感共鸣或关注,加深双方的关系。但是,自我表露的个人信息的范围也因文化差异而有很大不同。东方文化比较含蓄,即便是非常亲密的关系,沟通对象之间的信息披露也相对谨慎;西方文化价值观更多元,人们在言语沟通中表达信息更充分,在公众场合下的自我表露

图 6-2　老师和新生相互认识

信息范围也更大。美国著名的谈话节目主持人奥普拉·温弗瑞主持的《奥普拉脱口秀》,关注虐待儿童、减肥困难、缺乏自信等与普通百姓生活息息相关的现实问题,坦白直言已经成了该节目的特色之一,她曾对观众谈起儿时遭到表兄侵犯的经历,唤起大众对社会问题的深度关注,此举不仅促使她本人为遭虐而奋战,也为许多人勇敢控诉做了榜样。但是,在公众场合进行如此深度的自我表露在东方文化中是很难的,人们会更多考

---

① PEARSON,NELSON,TITSWORTH, et al. Human communication[M]. New York:McGraw-Hill,2003:188.

虑到面子、道德评价等因素。

(二)关爱和支持

在基础人际沟通中,对他人的关爱是很重要的。一般来说,人从出生后,就感受到来自家庭成员的情感沟通,人的情感表达方式源自原生家庭。研究显示,人们既会从父母那里模仿关爱的情感表达,也会补偿一些消极的情感表达。情感的表达方式既有言语的也有非言语的。非言语表达关爱之情显而易见,比如握手、拥抱、接吻等,不过肢体的接触一般发生在比较亲密的朋友、家庭成员、情侣关系中,不可随意,以免给交流对象造成不适或误会。表达关爱之情并不一定会有乐观的结果,如果一个人向他人表达关爱之情,但没有得到交流对象的回应,会感到尴尬或没面子。对他人表示支持也是重要的沟通行为,基础人际沟通中的支持行为包括建议、忠告和援助等。尤其当人们处于某种困境时,来自亲密朋友的支持有助于其增强信心,战胜困难。

(三)影响他人

在基础人际沟通中,影响力主要作用于交流对象的思想或行为方面。学者伯贡(Burgoon)和其合作伙伴使用人际掌控(Interpersonal Dominance)一词来考量人际沟通中的影响力。他们将人际掌控界定为:人在沟通过程中表现出的一种关系的、行为的、相互作用的情状,这种情状对他人产生了实际的影响或控制。研究者认为这种掌控是发生于人际互动中的,并不是特定的人的个性特征,而取决于个体、情境和人际关系多种因素的综合作用。伯贡等将人际掌控分为四个维度:①有说服力且镇静。②有谈话控制力和吸引力。③任务明晰。④自我肯定。有说服力且镇静

的人有影响力并且举止高贵。有谈话控制力和吸引力的人风度翩翩、表现力强。任务明晰的人对任务能持续关注。自我肯定意味着人自信的程度并能避免自大和胆怯。① 由以上研究可见,在基础人际沟通中能对他人产生影响力甚至控制力的人,往往自身有较强的表现力、判断力或人格魅力。

对他人的影响行为总体可表现为热处理和冷处理两种方式。热处理表现为积极的言语和非言语方式的实施和介入,一般用于目的性比较强的沟通中,例如说服力很强的消费建议、精神安慰中的情感感化等。冷处理表现为有意识地减少或暂时停止与特定对象的交流,并能视情况而控制双方的沟通方式和沟通节奏,当基础人际沟通中出现矛盾时,尤其是亲密关系对象出现沟通矛盾时,掌控力强的人经常使用冷处理方式,给双方冷静反思的时间,避免过激行为产生,有利于化解矛盾,恢复和谐的人际关系。

第三节 人际冲突的处理方法

顺畅的基础人际沟通给人的生活提供了精神和情感抚慰,也给人的学习、工作提供了良好的人际评价和互助环境,是人获得幸福和事业成功的重要手段。但是,在现实生活中,基础人际沟通中的冲突却时有发生,本节内容将从个体自身、互动双方和外在环境三个方面分析造成人际冲突的主要原因并探讨处理人际冲突的方法。

---

① PEARSON, NELSON, TITSWORTH, et al. Human communication[M]. New York: McGraw-Hill, 2003: 193.

一、完善性格,调节心理状态

在很多情况下,人际冲突由沟通者的个体主观因素引发,包括沟通者的性格特质和情绪。某些性格特质容易造成人际冲突,主要表现为两个极端:过度封闭和过度自我。过度封闭的人在沟通中表现得比较消极,不善于或不愿意表达自我和与他人交换信息,容易给人造成城府很深、孤僻冷漠等印象。过度自我的人则相反,在沟通中以自我为中心,只顾喋喋不休地自我表达、宣泄情绪,对沟通对象的话语表达不够重视,给他人的信息反馈也不够充分。过度封闭的人与过度自我的人相遇,双方的话语权会不均等;双方都过度封闭,交流信息会极为有限甚至中断;双方都过度自我,则可能会急于表现而互不相让,进而产生敌对情绪。个体要对自己的性格特质有充分了解,不要走向极端,以免造成沟通不充分或产生冲突。

人对自己的情绪控制有障碍可能会导致严重后果,激情犯罪就是最典型的表现。激情犯罪不属于我国刑法规定的罪名范畴,"根据有关学者的观点,'激情犯罪'是指在强烈而短暂的激情推动下实施的爆发性、冲动性犯罪……激情犯罪下行为人是出于一时的激愤情绪而实施了犯罪行为。行为人没有犯罪预谋,没有预先确定的犯罪动机,也没有预先选择好的犯罪目的,只是在强烈的冲突过程中突发的"[1]。顾忠华、高飞对上海某区47起激情杀人案做的实证调查显示,激情犯罪的犯罪行为人因素主要在于情绪障碍和人格障碍。在激情犯罪状态下,人的自我判断和自我

---

[1] 蔡永彤.激情犯罪:行走在法律的边缘——激情犯罪的刑法规制初探[J].犯罪研究,2008(3):65-68.

控制能力显著降低,往往表现为任由不良情绪支配进而做出丧失理智的侵害他人或财物的行为。因此,犯罪行为人自身心理的不成熟是案发的主要原因。人格障碍、气质因素都是犯罪行为人实施激情犯罪乃至激情杀人的自身原因。人格障碍指人格特征明显偏离正常、适应不良的异常行为模式。冲动性人格障碍又称攻击性人格障碍,是以情感爆发伴有明显行为冲动为特征的人格障碍。这种人格障碍表现为易发怒、易与他人发生冲突、易伴有攻击行为,也可能有自伤行为。当然,激情犯罪动因比较复杂,除了犯罪行为人自身因素之外,受害人的不当言行、社会环境的刺激都是构成因素。但是,这些诱因都要基于犯罪行为人自身的情绪和心理反应。从心理学观点看,情绪是可以自我调节的。"首先,应该从改变不良暗示开始,比如感觉自己情绪难以平复时,对自己坚定地说:'我一定能控制情绪,现在就让我来试一试。'这样,自我控制的自主性就会被启动,有了自我控制的意识,就会经常提醒自己,主动调整情绪,自觉注意言行,在潜移默化中稳定住自己的情绪。其次,掌握必要的心理调节法。美国著名临床心理学家艾里斯认为:直接引起情绪反应的不是事件本身,而是人对事件的认识和态度。因此,掌握必要的心理调节方法,自己对自己的心理进行疏导,恰恰是激情犯罪防控的基本所在。"①

二、积极互动,有效沟通

人们在沟通过程中的冲突还来自沟通双方由于互动不当而造成的误解或矛盾。互动不当主要体现在传递信息的言语表达内容、措辞的不当,

---

① 顾忠华,高飞.激情杀人犯罪的生成特征及防控路径——以上海市 M 区近年来所受理的激情杀人案件为参考[J].中国刑事法杂志,2013(10):90-101.

上文中顾忠华、高飞对上海某区 47 起激情杀人案做的实证调查数据显示,被害人过错或不当行为推动的犯罪居多,在犯罪行为人与被害人互动的犯罪实施诱因中,"言语诱因的有 43 件,占激情杀人案件的 91.49%;行为诱因的有 4 件,占激情杀人案件的 8.51%。由此可见,在激情杀人案件中,言语冲突是主要的诱因形式,逞口舌之快而遭遇杀身之祸的占多数"[1]。互动不当还包括接收并反馈信息的方式不细致,信息解析有误或反馈不充分。为了实现有效沟通,沟通双方的互动要从信息传递和反馈两方面寻找有效途径。

(一)善用适当的陈述

对事物的陈述可分为事实陈述和推断陈述。事实陈述是对用肉眼可以看见的、可观察到的事物表象和特征的陈述;推断陈述是从看见或没看见的事实中推断出的对事物的评价。推断陈述中常常带有推断者的观点、情感和偏见。人们在陈述时经常混淆事实陈述和推断陈述。例如"他经常睡到早晨九点起床",是对某人起床时间的事实陈述;而"他经常睡懒觉,太懒惰了",是对某人起床的推断陈述。"推断陈述给人的感觉是你给对方的行为下了定义,作了价值判断,并带有指控的口吻。对方会感到对他不公,难以接受。要想避免混淆两类陈述,达到良好的沟通效果,要尽可能作事实陈述,为你的推断提供'证据'。另外要有意识地使用修饰词,给你的推断留有余地或别的可能性,如'我听某某说……''会不会是这样……''根据我个人的观点……',当我们听到别人评价他人或讲述事情时,也要注意区分事实陈述和推断陈述,以减少误会,减少矛盾。"[2]

---

[1] 顾忠华,高飞.激情杀人犯罪的生成特征及防控路径——以上海市 M 区近年来所受理的激情杀人案件为参考[J].中国刑事法杂志,2013(10):90-101.
[2] 吕行.言语沟通学概论[M].北京:清华大学出版社,2009:63-64.

(二)慎用批评和抱怨

人的愤怒情绪大部分源于批评和抱怨,因此,在沟通中要慎用批评与抱怨。批评是对某个人做的某些事情或做事的方式的消极的、否定性的评价。当然,人们对有建设性的批评也是可以接纳的。学者特雷西(Tracy)等对人们如何判断批评的"好""坏"进行了研究。研究发现,人们对批评的判断与同沟通者的关系有关。调查中,大部分受访者认为如果一个人对他的沟通对象没有足够了解就没有权利批评对方。此外,人们对批评的判断与场合也有关,大部分受访者认为当众批评相比私下批评是一种"坏"的批评。而"好"的(有建设性的)批评通常有以下特征:①不包含消极性的言辞,并且不以大声喊叫的方式进行表达。②信息比较明晰并提供如何改善的细节。③批评者同时也提供相应的改进性的支持。④能让接收者乐于去改变。⑤把消极的因素置于更积极的情境中去分析。① 抱怨是对搭档或其他人的某些行为、态度或个性等表达的不满情绪。抱怨与批评的差异在于,抱怨不一定直接针对某个明确的人。艾伯茨(Alberts)等人所做的一项有关配偶间的抱怨的研究显示,和批评一样,对一些抱怨的回应比其他的更有用。第一,如果一些抱怨是比较琐碎的,通常会被忽略。第二,抱怨最好不要直接针对某个明确的人。例如,当你说"为什么没有人关过门?"时,并不针对一个具体的人,心感愧疚的当事人因为没丢面子就可能改变行为。第三,抱怨者表达失意或不满时尽可能和缓些,这样不容易引发激烈的争吵。第四,如果抱怨是很严重的,那么配偶双方就应该在抱怨转化为严重冲突之前好好商讨论并且寻

---

① HYBELS,RICHARD,WEAVER. Communicating effectively[M]. New York:McGraw-Hill,2004:276-277.

找一个解决办法或达成某种共识。①

(三)注意聆听

交流双方沟通的过程是一个信息传播—获取反馈—再组织信息进行传播的过程。全身心投入地、仔细地听并反馈信息称为聆听或倾听,是获取对方信息的第一步。聆听者的心态表现为安静、审慎,聆听的状态也比较认真投入,有时还伴有记录的过程,向交流对象传递了一种尊重、重视的态度和有教养的第一印象,有利于营造良好的沟通氛围。对于聆听者自身来说,聆听有助于全面、充分地获取信息,有利于对比较复杂的信息进行逻辑思辨,也有利于充分交流情感态度,推动谈话深入,容易让交流对象对自身产生信任感和认同感。有的人在交流中只注意自我表达而忽略了通过聆听获取对方的言语信息和情感态度信息,容易造成片面了解甚至误解,也会给对方造成过于自我的印象,为了实现充分沟通和相互尊重,在交流时要注意聆听,尤其注意对信息性聆听和情感性聆听的运用。

三、冷静分析环境因素

(一)有形环境

有形环境是沟通互动发生时的具体物理环境或媒介环境,任何沟通都必须在某个物理环境或媒介环境中进行。有的人际冲突是由于有形环境中的某些障碍性因素对交流者传递的信息和交流者的情绪产生影响,

---

① HYBELS, RICHARD, WEAVER. Communicating effectively [M]. New York: McGraw-Hill, 2004:277-278.

导致信息传递错误或不完整，或者人的情绪有波动而产生的。这些障碍性因素包括诉诸人的视觉、听觉、嗅觉等的光电、噪声、废气、烟尘等。例如在机器轰鸣、烟尘飞舞的建筑工地上，两位工友之间的对话清晰度会受到影响，人也容易产生烦躁的情绪，在这种情况下，双方的一点小矛盾很可能引发争吵和肢体冲突。有形环境中的障碍性因素对沟通产生的消极影响是显性的，也是容易改变的。正式的会谈应该选择整洁、安静的沟通环境；在有障碍性因素的环境中，人们应尽量避免进行长时间的交流，尽量避免债务、情感纠葛等易诱发冲突的话题。

(二)无形环境

无形环境可以分为两方面。一方面是人们长期生活于其中的政治、经济、文化等社会背景；另一方面是交流者成长中的教育、职业、阶层、信仰等个人背景。社会背景具有鲜明的时间演变性，同一成长时代的个体拥有更多的集体记忆、更接近的精神风貌，彼此沟通的话语方式更接近。例如，90后成长于网络文化兴盛的时代，他们的认知和思考方式普遍受网络文化的影响，对图片和视频信息敏感，思维跳跃，逻辑性不强，富有创意，对新事物接受快但转移兴趣也很快。这些都是网络信息的海量化、碎片化、感性化特征对一代人产生的影响。个人背景的构成比较复杂，个体差异性较大。但是，个人背景具有圈层趋同性。具有某些相同或相似个人背景的群体具有更趋同的价值观和思维方式，彼此沟通时容易找到共同话题，对事物的价值评判也比较接近。

在无形环境的影响下，人们形成相对固定的价值观和思维模式。价值观和思维模式指引人们在与他人沟通中形成一定的待人接物和言谈举止的习惯。无形环境对沟通产生的影响是隐性的，也是不容易改变的。

无形环境差异越大，人们的价值观和思维模式差异越大，言谈举止的习惯不一样，对同一信息的意义解读也会有差异，交流中有可能产生误解和冲突。对此，沟通双方首先要有足够认识，对待社会背景不同的沟通对象，可以多寻找公共性话题，采用商谈的口气谈话。对待个人背景不同的沟通对象，勿盲目使用"标签化"称呼，不要用以偏概全的思维看待某些职业、某些阶层的人群，交流信息时多使用事实陈述，少用推断陈述。

思考题：

1. 陈述基础人际沟通中的一次误解事件，分析原因，并提出消除误解的方式。
2. 提供一个由于言语使用不当而造成人际冲突的案例，根据本章节的相关内容分析其中言语使用的问题。
3. 把你所有的朋友分为几种不同类型，分析你与不同类型朋友的基础人际沟通行为有何差异。

第七章 团体人际沟通

在当代生活中,各种团体无处不在。你可能很容易就想到自己所属的多个团体,比如家庭、朋友圈、项目团队、俱乐部、运动队等。根据美国大学与雇主协会(the National Association of Colleges and Employers)的调查显示,优秀的团体协作能力是雇主们选拔大学毕业生时较重视的前十位的工作能力之一。在团体中的优秀协作能力不仅极大地影响我们的职业生涯,同时也影响着我们的个人生活。

团体指的是由多个个体组成的一个集体。在这个集体中,个体之间互相了解、互相影响、互相依靠,并且为达到共同的团体目标而工作。团体人际沟通指团体成员在团体生活中和在为团体目标而付出努力时表现出来的言语和非言语行为。

本章节将讲解关于团体人际沟通及领导力的基本规律,包括团体的工作机制、有效会议与领导力和有效解决团体冲突。希望这些对团体人际沟通基本规律的讲解,有助于你成为一个优秀的团体成员或领导者。

第一节 团体的工作机制

一、团体类型

团体大致可以分为两种类型：初级团体和次级团体。初级团体是自然产生的，主要为了满足成员的初级需求或社交需求，比如对爱、接受和社会互动的需求。初级团体包括家庭、朋友圈、兴趣小组、支持团体等。次级团体一般由上一级的权力机构配置而成，主要为了完成特定任务，比如作出决定或制定解决方案。次级团体包括工作组和项目团队。当然，还有一些团体是两种类型的混合体。

二、团体发展阶段

像人类一样，群体自然成长并经历不同的发展阶段。根据学者布鲁斯（Bruce）的研究，团体发展经历五个阶段：形成期、震荡期、规范期、执行期以及终止和转化期。团体在不同的发展阶段面临着不同的需求，需要给予关注，才能有效健康地发展。

（一）形成期

形成期是团体发展的初始时期。在这个阶段，老板或上级组织可能会把人分成一个小组。这些人通常互不相识。在形成期的沟通中，由于成员之间并不熟悉,担心冒犯他人,往往会产生不确定感和犹豫感。分歧和坦率的意见常常被掩饰或压制,人们经常选择"随大流"。

为了帮助团体在这个阶段有效地发展,需要安排一些社交时间和新人培训。团体成员应乐于公开自己的情况,并乐于了解他人。新人培训是必要的,例如,应该向成员提供关于新成立团体的目的和任务的背景信息,解释工作程序等。

(二)震荡期

形成期过后,团体发展进入震荡期。当成员们相互了解、相互熟悉之后,他们会更加开放地表达自己的观点和情感,因此,产生分歧甚至情绪爆发的可能性增大,产生冲突的可能性也增大。震荡期可能会对团体成员造成伤害并影响团体凝聚力。如果团体没有从冲突的风暴中恢复过来,那么这个团体最终可能会功能失调甚至崩溃。

(三)规范期

当过度的震荡需要被关注时,意味着规范期即将到来。为了使一个团体富有生产力和凝聚力,成员必须受到一套良性规范的指导。规范指团体成员的行为准则,规范化指规范产生并被采纳和实践的过程。吉登斯(Giddens)的结构化理论经常被用来解释团体规范产生的过程。结构化可以理解为"结构创造"。根据结构化理论,一个团体的结构或规范是通过在团体中发生的日常交流过程而形成的。例如,如果人们在团体会议上迟到,而没有人说他们迟到了,一个规范会逐渐形成,即在团体会议上迟到是可以被接受的;如果这种迟到被批评和处理,另一个不同的规范将逐渐形成,即在团体会议上迟到的行为是不能被接受的。

(四)执行期

在良性规范的指导下,团体成员将开始有效地执行分配给他们的任务,团体进入执行期。次级团体需要执行的任务可以是多种多样的:调查问题、编写报告、设计产品、作出决定或找到解决方案。在执行期,团体成员之间必须相互协作,充分发挥各自的才能和专长。关于有效利用团体成员的才能和专长,特伦提出了最小规模团体理论。这个理论认为一个有效的团体应该是尽可能小的,而不是更小的。如果团体规模过大,它将由于协调性差而造成浪费。如果团体规模太小,它可能缺乏完成指定任务所需的专业知识。也就是说,一个有效的团体应该是尽可能小的,能提供成功完成团体任务所需的所有专业知识。

(五)终止和转化期

次级团体完成任务后,就进入了终止期。在这个阶段,团体可能会做一些事情来象征他们的任务结束或庆祝他们的目标实现。成员的贡献得到认可或奖励。这时,成员们可能会互相道别,团体的议程终止,团体解散。或者,这个团体也可以在这个时候吸取过去的经验教训,变成一个更好的团体。任务后进行反思对团体的持续成长起着重要作用。

三、团体成员的角色

人类具有社会属性,我们寻求认可,并在人类群体中建立自己独特的角色。团体成员的角色可以是正式的或非正式的,有明确定位的或社交性的,指定的或被感知的。正式的、有明确定位的和指定的角色由对团体有掌控权的机构正式分配给团队成员。这样的角色在任何机构中都很常见,例如总裁、董事、教员、经理、领班等。非正式的、社交性的和被感知的角色是由于团体成员的个人特质(如说话方式、行为习惯和团体中独特的社会功能)自然而然地出现的。边尼(Benne)与席特(Sheats)采用了一种功能分析法来区分团体中的成员角色。他们将团体成员的角色按照在团体中的不同功能分为三类:任务功能型角色、维护功能型角色、自我中心功能型角色。任务功能型角色帮助团体完成指定的任务。维护功能型角色有助于保持团体内部平稳健康的人际关系。自我中心功能型角色关注某个特定团体成员的个人利益,可能会阻碍和损害整个团体的绩效和良性运转。根据格莱勒斯(Galanes)和亚当斯(Adams)的研究,表 7-1 是团体中不同角色的言语和行为表现。

表 7-1 团体中不同角色的言语和行为表现

任务功能型角色	维护功能型角色	自我中心功能型角色
倡导(观点、程序、解决方案等)	建立解决人际冲突的规范	疏离(游离状态、保留观点)
明确方向(向成员们告知某个事务的背景信息)	把关(给每个成员提供发表见解的机会)	设置障碍(过分专注于让自己的想法或议程被团体采纳,从而阻碍了整个团体的进步)
提供信息	支持与协助	寻求地位、权力或赏识
寻求信息	协调(以缓解冲突)	消极抵抗(比如没有在期限内完成任务)
提供观点	缓和压力(比如通过幽默等手段)	主张特殊利益
阐明(不清晰的观点和建议)	戏剧化行为(通过对其他事件或问题的戏剧类比来帮助理解当前的问题)	霸占发言时间
详细描述(那些不容易被完全理解的观点)	表现团结一致	—

续表

任务功能型角色	维护功能型角色	自我中心功能型角色
评估(某些观点的正确性和某些提议的有效性)	妥协	—
总结概括	为团体利益而牺牲个人的便利或兴趣	—
尝试建立共识	—	—
记录	—	—
提议程序	—	—

发挥不同任务功能的成员会在其他成员眼里形成不同的角色。例如,一个经常提供信息的成员,为团体提供有效的程序并解释模糊的想法,可能被认为是"意见领袖"。一个经常质疑他人观点、评估提案、检验共识的成员可能会被视为"故意唱反调的人"。"意见领袖"和"故意唱反调的人"都为团体履行重要职能。前者有助于推动团体朝着完成任务的方向前进,后者是对团体过度热情和潜在非理性倾向的一种制衡。

非正式角色的出现不是随意的,而是通过一个复杂的集体协商过程形成的。一个成员所发起的角色行为是否会继续下去并被认可或消失,很大程度上取决于其他成员的反应。例如,一个成员试图通过幽默来缓解团体中的紧张气氛,而这种幽默却会让其他成员感到尴尬,那么这个成员很可能会停止在幽默方面的努力。然而,如果这个成员缓解紧张情绪的尝试成功了,并且被其他成员接受甚至欢迎,这个成员很可能在未来继续这样努力。其他成员对这个成员的幽默价值的进一步确认,最终使这个成员成为团体中的逗趣的人。这一被协商"认定"的角色可能进一步巩固其他成员对其在未来有相似的情况下使用幽默的期望。因此,非正式角色的出现往往是一个缓慢而曲折的集体协商过程。

四、解决问题的机制

解决问题通常是次级团体的主要任务。解决问题的机制指的是团体提出有效缓解或处理问题的解决方案的过程。解决问题的程序化模型通常被认为是一种达成问题解决方案的有效方法。这个模型由约翰·杜威(John Dewey)首次提出,其后又经多人修改完善。该模型包括以下步骤:问题诊断、解决方案的标准、提议各种解决方案、评估解决方案和选择最佳解决方案、制订实施计划。

(一)问题诊断

我们都知道在医疗工作中诊断的重要性。如果医生没有诊断,没有人会吃医生开的药。然而,你会惊讶地发现,在没有对问题进行任何有意义的诊断的情况下,有许多方案被用于解决现实生活中的问题。通常情况下,掌权者或受欢迎的人会提出一个问题的解决方案,而每个人都只是立即上马,开始实施解决方案。

形成问题共识是问题诊断的首要任务。是否每个人都认同存在某个问题?有些人可能会察觉到问题,而另一些人则不会。这本身就是一个问题。如果每个人都同意存在问题,那么问题是什么呢?你如何描述和定义这个问题?这可以通过一个措辞清晰的问题陈述来完成。然而,必须小心区分"问题性问题"和"解决性问题"。"问题性问题"关注的是问题是什么,"解决性问题"提出解决的方案应该是什么。例如,下面列出的第一个问题是"问题性问题",而第二个问题是"解决性问题"。

问题一：如何提高大学生的学习动机？

问题二：我们应该给学生布置什么样的作业来激发他们的学习动机？

第二个问题意味着解决方案已经存在——激励学生学习的方法是布置更多的作业。

问题诊断中另一个要注意的是症状和原因的区别。我们经常看到的是问题的明显症状，而不是问题的原因。一些问题的真正原因也许可以追溯到遥远的历史，或者隐藏在日常的现象之外，调查其他经历了相同的问题的地区或文化可能有助于问题的诊断。直接寻求专家的意见或阅读其相关作品也可能有所帮助。

(二)解决方案的标准

"解决方案的标准"应该放在"提议各种解决方案"之前还是之后呢？关于这一点存在一些争议。那些支持将其置于"提议各种解决方案"之前的人认为，这可能有助于团体成员在努力寻找"好的"解决方案时更好地达成共识。那些支持将其放在"提议各种解决方案"之后的人的观点是，预先确定的标准可能会限制团体成员的思维，导致只寻求能满足标准的解决方案。结果，潜在解决方案的范围可能受到限制。

另一个争议涉及"谁的标准"的问题。是问题解决团队制定的标准？还是让那些生活将受到解决方案影响的人满意的标准？问题解决团体也必须回答这个问题。在为解决方案制定标准时，团体需要确定哪些标准是强制性的，哪些标准是可选的。标准可包括下列一项或多项：财政预算、时间投资、所需人力、执行的可行性、与现有文化价值观的适应性、与大众观念的适应性等。

(三)提议各种解决方案

这一步骤显然是解决问题过程中最实质性的步骤。这个步骤的重点应该是所提议的解决方案的范围而不是质量。当团队成员在寻找更多的潜在解决方案的时候,要避免对建议的解决方案提出太多批评。在这一步上的批评将不可避免地挫伤一些成员对提议各种解决方案的热情,因为这些成员担心他们的提议可能被认为是"愚蠢的""幼稚的""有其他缺陷的"。

利用不同的寻求方式可以帮助团体圈定尽可能多的潜在解决方案。自由写作是其中一种方式,每个团体成员都参与写作,记录下他们头脑中出现的任何想法,这是在任何事情被公开分享之前完成的,可以有效防止公众舆论审查。头脑风暴也是方式之一。头脑风暴指的是人们的头脑相互依赖,共同产生想法。唯一的规则是"不对任何想法提出批评"。任何疯狂的想法都是受欢迎的。GDSS(群体决策支持系统)等方式也可能有所帮助。GDSS允许所有成员匿名输入他们的想法,这些想法会被呈现在公共屏幕上。许多通信技术的匿名性在促进思想的自由表达方面有极大的帮助。对历史上的、其他地区、国家或文化中相似问题的调查也有助于确定解决方案。

(四)评估解决方案和选择最佳解决方案

因为评估解决方案和选择最佳解决方案的方法不同,评估和选择的过程可能很快或很耗时。学者韦尔德伯尔(Verderber)和塞尔诺(Sellnow)的研究认为,团体首先需要消除不符合先前制定的强制性标准的解决方案。之后,小组可以使用以下方法之一来评估解决方案和选择最佳解决方案。

1. 专家选择法。在这种方法中,被认为知识最渊博的人会评估解决方案并选择最佳解决方案。

2. 投票法。在这种方法中,成员会私下对已有的解决方案进行排名,然后他们将对其进行公开投票。得票最多的方案将被选为最佳解决方案。

3. 建立共识法。在这种方法中,团体将继续讨论每个方案的优缺点,直到他们至少能够接受其中一个最好的解决方案为止。这个方法显然要比前两个方法花费更长的时间。

4. 全体一致法。在这种方法中,所有成员都需要被说服,并愿意接受最终选定的方案是最好的方案。在现实生活中,这种方法常常行不通。在某些情况下,团体可能被迫达成一致意见,比如美国法院的陪审团。这种方法可能耗时最长。

(五)制订实施计划

没有实施计划,解决方案就只是解决方案,它不会成为解决问题和改善生活的现实。实施计划应明确:由谁来做什么,何时完成并达到什么标准,使用什么资源。重要的是,实施计划的每个组成部分或步骤必须分配给具有明确时间表的特定人员。它可以帮助显示上述所有内容的工作流程。

所选解决方案的实施速度可能与前面阐述的团体选择最佳解决方案的方法有关。专家选择法和投票法可以快速地选择最佳解决方案。然而,解决方案的实施可能是缓慢的,因为没有充分参与评估和选择过程的人可能不会全心致力于解决方案的实施。这种类型的决策风格可以被称为"兔跑式"——决策快速但执行缓慢。在选择最佳解决方案时,建立共识法和全体一致法决策速度较慢。然而,其实施过程可能更快,因为每个人的投入都在决策过程中体现,因此,每个人都更致力于解决方案的实施。这种类型的决策风格可以被称为"龟跑式"——决策缓慢但执行速度快。

第二节 有效会议与领导力

根据商业咨询顾问迈克·德拉蒙德(Mike Drummond)的一项调查,超过一半的被调查经理每周至少花6个小时参加会议,且超过一半的人认为他们超过一半的会议时间都劳而无功。参照韦尔德伯尔和塞尔诺的部分研究结论,本节为你(无论作为团队领导者或参与者)提供提高会议效率的方法。

一、会前准备

开会前的第一个任务是决定是否需要开会。发达的通信技术使被动式信息的传输变得非常容易。如果你是领导,你的团体成员肯定会感谢你取消了不必要的会议,节省了大家的时间。被动式信息指不需要讨论或决策的信息。你只须建立一个网页链接,将其通知给团体成员,他们便可以获取存储在那里的所有被动式信息。当然,你需要定期发布更新信息的公告。但是,如果有必要进行讨论或作出决定,则应安排会议。至少在会议召开前几天,向与会者通报会议议程。例如:

会议议程

2018 年 7 月 30 日

送达:部门评估委员会

来自:约翰博士

议题:五年年度评估报告

会议时间:2018 年 8 月 8 日(星期三)下午 3:30 – 5:00

会议地点:学校图书馆 307 室

出席人员:部门评审委员会全体成员

会议目标、议程:

1. 审查上次的五年年度评估报告,特别是该报告中确定的"未来行动"。

2. 审查学院当前五年年度评估报告的要求。

3. 制订当前五年评估报告的执行计划。

讨论和决议事项:

1. 确定评估报告需要收集哪些资料。

2. 讨论我们应该采用什么评估方法。

3. 确定由谁来收集什么数据。

4. 确定评估报告应包括哪些部分并由谁来撰写哪部分。

5. 确定下次会议的日期和地点。

在向团体成员传达会议议程后,团体领导需要确保在会议时间前在会议地点做好必要的准备。比如谁来预订地点?如果会议地点没有相应的技术配备,应该引入哪些技术配备?是否需要额外的材料(挂图、标记笔等)?如果会议跨越午餐或晚餐时间,是否有必要点餐?如果是的话,

谁来点餐？是否需要聘请外部顾问？如果有，邀请谁，谁会联系顾问？诸如此类。

根据会议中要讨论的问题，领导者在会议前与主要参与者交谈是很重要的。了解主要参与者对重要问题的基本观点，可以帮助领导者避免潜在的冲突。会议参与者也应提前研究会议议程并做必要的准备工作。与会者应列出议程中有关项目的问题，并在会议期间提出这些问题。当讨论的主题与参与者具有的专业知识相关时，参与者应该准备好承担主导责任。

二、会议中的领导力

举办一次富有成效并能完成预期目标的会议，团体领导者在其中扮演着重要的角色。做好以下事情可以提高会议的效率。

第一，检查和明确会议议程。在会议开始时，成员了解会议的目标和议程是很重要的，领导者应该向成员阐明这一点。有时出席会议的人常常坐在那里，不知道会议的目的到底是什么。领导者还应接受成员对议程的合理修订。

第二，领导者应该提出会议可以遵循的程序。例如，对于决策，可以使用不同的程序——领导者可以决定，小组可以投票，或者小组可以讨论直到小组内部达成共识。如果没有明确的程序，会议可能会漫无目的地进行下去。

第三，领导者应监控时间和成员的互动。通常，成员会在开始的时候花大量的时间来讨论琐碎的问题。只有当他们意识到时间已经不多时，就会对重要问题敷衍了事。这样的会议既令人沮丧又浪费时间。领导者应该监控时间,并在参与者"误入歧途"时将他们拉回议程。为了有效使用时间,领导者也需要监控成员的互动。在这里,领导者应该做的一件重要的事情是把关。一些成员可能太健谈,而另一些可能太安静。领导者要适当控制那些说得太多但在某个问题上缺乏专业知识的人,同时鼓励那些有专业知识但很少说话的人。

第四,尝试对某个问题做总结。如果完全任其发展,成员们可能什么也不说,或者一直继续他们的讨论。领导者需要评估是否对某个问题进行了充分讨论。如果是这样,领导者需要检验和阐明已经达成的共识。

第五,明确并提醒会议后的工作安排。通常,会议开得太多而做得太少。造成这种状况的一个重要原因是人们经常不知道谁会在什么时候用什么资源做什么。这些问题应该被清楚地写在纸上并公布出来。领导者有责任在这些问题上明确职责和提醒成员。

第六,安排接下来的会议。当每个人都在场时,安排未来的会议可能会更容易。因此,在当前会议休会之前,尽可能确定下次会议的时间和地点。

图 7-1　银行员工召开小组工作会议

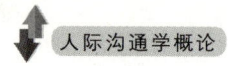

会议期间的某些规则会对参与者有所帮助。倾听可能比说话更重要。当每个人都试图不断发言,就没有交流,只有争吵。所以,倾听是理解和交流的基础。提问和做笔记可以帮助参与者集中注意力,更好地倾听。做一个有批判意识和有贡献精神的人,当你相信某事是错的,就说出来。在会议上表达的关切可能为团体日后节省大把时间,并避免团体日后承担负面后果。最后,注意控制你的发言时间,既不要主导讨论,也不要不发表意见。

三、会议后续工作

会议只播下种子,会议后的工作才结出果实。领导者需要分发清楚的会议记录,其中详细说明所做的决定、要采取的行动以及谁将采取什么行动。领导者还必须定期跟进成员的行动,并定期撰写进度报告,以保持工作的活力。如果会议期间人际关系受损,领导者需要在会议结束后进行沟通和修复。参与者需要回顾会议记录,知道自己需要完成哪些行动,并向领导者汇报工作进展。参与者还应反思自己在会议中的表现:是否做了有损于会议有效性或团队凝聚力的事情?下次会做什么不同的事情?如果参与者造成了一些损害,他应该本着开放的心态来做一些修复性的努力。

第三节 有效解决团体冲突

无论什么时候,人们聚在一起组成一个团体,都会有冲突。一些团体压制他们的冲突,从表面上看,团体内似乎没有冲突。但在现实中,人们可能根本不在乎或者根本不为这个团体做贡献。这种团体可能经历所谓的群体思维,这将在本章后面解释。另外,其他团体也许会让他们的冲突失控。太多的冲突会破坏团体的凝聚力,最终摧毁团体。冲突有不同的来源,包括对有限资源的竞争、不同的意见和个性、不同的文化背景、沟通不足或不准确。资金、奖项、头衔等资源总是有限的,团体必须制定关于资源分配的明确、公平和一致的规则和标准。这些规则和标准需要与所有成员明确沟通和实践。在制定规则和标准时,需要充分征求成员的意见,以便成员能够接受这些规则和标准。

一、造成冲突的原因

在处理某件事情的最佳方式上存在分歧会导致冲突。当这种情况发生时,可以做的一件事是,阐明团体努力的最终目的,阐明评估方法或行动策略的标准。性格不同也会导致冲突。例如,内向的人认为外向的人太吵,而外向的人认为内向的人太无聊。以未来为导向的人可能更注重完成任务,而以现在为导向的人可能更注重瞬间体验。因此,以现在为导向的人可能会认为以未来为导向的人是毫无人性的奴隶主,而以未来为导向的人可能会认为以现在为导向的人是无用的游手好闲者。

来自不同文化的成员之间也可能发生冲突。正如跨文化人际沟通一章所讨论的,有些文化是单一时间文化,而有些文化是多元时间文化。对于多元时间文化来说,迟到,哪怕是一个小时,都是可以接受的。对于单一时间文化来说,迟到完全是粗鲁的和不可接受的。低语境文化在沟通中往往是直接而明确的,而高语境文化往往使用间接而委婉的沟通方式。

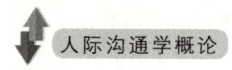

前者可能认为后者是过于模糊和低效的沟通者,而后者可能认为前者是直率和不明世故的沟通者。

由于各种原因产生的低效模糊的沟通,也可能导致冲突。有时候,团体成员意念中会感知到冲突,但实际上根本就没有冲突。例如,一个成员可能因为精神上的专注而忽略另一个成员,然而,第二个成员可能认为第一个成员忽视他,或认为第一个成员恨他(她),这种误解也许最终会升级为更严重的问题。此外,以网络为媒介的交流,通常由于缺乏非言语沟通,也会导致误解和冲突,例如,电子邮件中的玩笑可能被理解为讽刺。为了解决由于无效和不准确的沟通而产生的冲突,就需要开放的沟通和感性的认知检查。详见跨文化人际沟通一章。

另一种有助于解决冲突的方法是将议题与立场分离,并关注议题。如果把焦点放在立场上,就会更多地关注对手,包括他们的性格、习惯、立场、偏见、文化等。如果把焦点放在议题上,就会更多地关注双方想要达成的利益和愿望,寻找最佳的方案,以期最大限度地满足双方的利益和需要。

以议题为基础解决冲突的一个例子是埃及和以色列1978年在西奈沙漠的谈判。西奈沙漠最初属于埃及。以色列在六日战争中赢得了胜利获取了西奈沙漠。此后,关于西奈沙漠的争论不休。在1978年的谈判中,人们注意到所涉及的真正问题以及每一方真正想要什么。埃及想要对这片土地拥有所有权,而以色列想把这片土地用作缓冲区,并担心如果这片土地归还埃及,埃及将使这片土地军事化。因此,谈判达成了双方都满意的决议:西奈沙漠归还埃及,条件是埃及永远不会军事化这片土地。

二、健康团体的特征

和家庭一样,团体也是多种多样的。有些团体是低效的,其成员互相争斗;而有些团体既有凝聚力又有生产力。接下来我们分析健康的团体具备的特征。

第一,健康的团体知道他们的目标,这些目标也是符合伦理道德标准的。没有目标的团体就像没有方向盘的汽车,它不会到达目的地。当成员了解、理解并认同团体的目标时,他们将为团体的工作作出贡献。一个良性的团体的目标应该是道德的,提高而不是危害成员和他人的福利。某些邪教组织驱使他们的成员遵循危险的信仰并伤害自己(比如集体自杀)。一个黑手党组织通过实施恐怖主义行为而威胁社会安宁。

图7-2 大学生调研团体在见习调研中愉快合作

第二，健康的团体在交流中是民主和开放的。当成员因为恐惧而隐藏自己真实的观点和知识时，就会出现群体思维。群体思维指一个群体的成员通过压制自己诚实的声音，简单盲目地追随领导的声音或最大的声音。群体思维在历史和当代造成了无数灾难。群体思维也可能是由团体中的观点诱导者引起的，这些人会过滤向成员发布的信息——只有按照某种意识形态路线发布的信息才会被发布给团体成员。对真相的无知可能是危险的，比如导致人们食用有毒食品，给婴儿服用致命的配方奶粉或接种假疫苗等。

第三，健康的团体创造并遵守良好的规范。在之前对结构化理论的解释中，我们知道规范是隐性的，它可能决定一个团体的最终特质和运行机制。一个健康的团体应该监控自己内部的日常沟通行为，以促进健康发展并防范不良的沟通行为，从而在这个过程中形成良好的规范。不仅如此，健康团体的成员也应当互相提醒对方遵守他们的良好规范。

第四，健康的团体是有凝聚力的和相互依存的。根据系统理论中的非总和性（nonsummativity）概念，一个运行良好的系统的结果超过了系统每个部分所能达到的结果的简单相加。也就是说，一个健康的团体会完成成员个人无法完成的事情。健康团体的每个成员都有独特的才能和专业知识，他们相互依赖，对团体的集体成功负责。另一个形容健康团体神奇作用的词是"协同效应"，一种只有当优秀的个体有效协作时才会产生的能量。

思考题：

1. 谈谈一次不愉快或无效的团体经历，并解释是什么因素导致的。

2. 谈谈一次愉快或有效的团体经历，并解释是什么因素促成的。

3. 你是否曾在团队中经历过冲突？如果是，是什么？冲突是否得到有效解决？何以解决？

4. 你主持过会议吗？如果是，请分享你的经验，什么做得好，什么做得不好。

5. 除了这一章介绍的内容，你还能想到健康团体的其他特征吗？和你的同学分享你的想法。

第八章 公众演讲

第一节 公众演讲的发展和分类

公众演讲是个人基于某个核心观点或情感指向，面向观众公开进行语言陈述，以达到分享信息、感染观众或劝说观众等目的的传播活动。"公众演讲和其他形式的人际沟通包含一样的要素，诸如传—受者、信息、沟通渠道、反馈。演讲者是主要的信息传—受者，观众也通过非言语反馈和提问作为一个传—受者来进行回应。相较于其他沟通形式，公众演讲的内容是最具结构化的，演讲者预先准备演讲中要说些什么。通常的沟通渠道就是演讲者的现场声音和动作姿态，有时也采用视频、海报、幻灯片等一些图像化辅助方式。反馈一般来自全体观众而不是个体，典型的反馈形式表现为掌声和笑声。"[1]

---

[1] HYBELS, RICHARD, WEAVER. Communicating effectively [M]. New York: McGraw-Hill, 2004: 414.

第八章 公众演讲

一、公众演讲的发展

公众演讲的发展历史悠久,目前所知最早的一份写在莎草纸上的关于有效演讲的手册大约产生于4,500年前的埃及。在古代印度、非洲、中国等地,好口才都受到褒奖。在古希腊和古罗马时期,公众演讲能力在公民的教育、城市生活中扮演着中心角色。亚里士多德的关于公众演讲理论的《修辞学》,被认为是演讲学领域中最重要的著作。[①] 苏格拉底、柏拉图、亚里士多德与诡辩家对于修辞的论辩,为修辞发展之起点。西塞罗关于说辩的五大要素(构思、组织、语言风格、记忆、口头表达)的归纳是当代美国演讲教学中的经典观念。中国的春秋战国时期,政治游说演讲活动蓬勃兴起,许多思想家周游列国宣传自己的施政理念,出现了百家争鸣的繁荣景象,具有代表性的有战国时期著名的纵横家苏秦、张仪,两人同时跟随鬼谷子学习纵横之术。秦国在秦惠王时期不断扩张势力,引起其他六国的恐慌。苏秦游说列国,提出合纵六国以抵抗秦国的战略思想,六国最终组建合纵联盟,使秦国15年不敢出函谷关。而张仪则向秦惠文王提出拆散六国联盟,并拉拢列国亲秦的连横主张。张仪先是游说楚怀王,用赠送土地的计谋拆散了楚国和齐国的盟约,后来各国纷纷由合纵抗秦转为连横亲秦。此外,演讲的繁荣还表现为思想者采用口语对话形式施教,最有代表性的就是孔子的《论语》,成为儒家思想的源头。在当今时代,演讲仍是政治活动的一种重要表现形式。美国历届总统大选中最吸引民众的就是候选者的政治演讲,人们通过演讲了解政治领袖的施政纲领并领略其个人风采。此外,在一般性的公众事务中,演讲也是宣传理念、推广

---

① LUCAS. The art of public speaking[M]. 7th Ed. New York: McGraw-Hill, 2001: 2.

经验、号召民众、推销产品的重要手段。好的演讲者往往会成为典型的意见领袖,在解决公众事务中发挥重要作用。现当代著名的演讲有:《葛底斯堡演说》(亚伯拉罕·林肯,1863)、《自由或死亡》(埃米林·潘克赫斯特,1913)、《就任北京大学校长之演说》(蔡元培,1917)、《救国救民之责任在革命军》(孙中山,1924)、《我们将战斗到底》(丘吉尔,1940)、《最后一次演讲》(闻一多,1946)、《我有一个梦想》(马丁·路德·金,1963)、《我是第一个被指控的人》(纳尔逊·曼德拉 1964)等。

图 8-1　马丁·路德·金发表演讲《我有一个梦想》

二、公众演讲的分类

(一)信息性演讲

信息性演讲指围绕某个主题客观呈现信息的一类演讲,主要包括以下几类:实物演讲,行动过程演讲,事件演讲,概念、原理演讲。信息性演讲包含的知识点较多且有些涉及专业领域,条理性较强,要注意客观平实、条理清晰地展现信息要点。

1. 实物演讲

这类演讲对可见、可感的具体客观事物的形态、特征、功能等进行介绍，比如在某新产品发布会上，研发人员对某个高科技产品进行推介就属于这一类演讲。演讲中要突出所介绍的实物对观众最有吸引力的特质，如果有复杂的技术参数等专业知识，可以用比喻等形式进行解释，演讲过程中通常会有实物展示或演示环节。

2. 行动过程演讲

这类演讲是对围绕具体目标的某个（系列）行动过程的讲解性陈述，经常运用于企业工程、商业项目的实施汇报。这类演讲侧重于目标的呈现及围绕目标的推进过程的递进、并列等逻辑关系的讲解。如果讲解的事物过程较复杂，还要注意主次的区分，对重点、难点环节要着重突出。

3. 事件演讲

这是对已经发生或正在发生的、受到民众较多关注的事件的讲述。讲述的事件包括政治事件、当下的新闻事件、某个专业领域的重要动态、变革等。演讲中要呈现事件的过程、事件中重要的当事人的言行、事件中不为人知的细节等。比如某个当事人回顾自己曾经参与过的重要战役，就可以突出这次战役中重要指挥者说过的话、战斗过程中的某个场景等。

4. 概念、原理演讲

这类演讲向公众介绍某个领域的专业概念或原理的来源、内涵以及相关研究、应用。一般是某个领域的经典概念、原理或某个行业的前沿性概念、原理。这种演讲一般由特定领域的专业研究者面向同行或专业学习者进行陈述，比如天文学教授向相关专业的学生讲解宇宙大爆炸原理。

概念和原理经过专业研究者的科学研究、论证,再经过抽象的语言概括而来,讲解者要注意表述语言措辞严谨,条理清晰严密。

图8-2　援藏医生在部队开展健康知识讲座

(二)说服性演讲

说服性演讲指演讲者通过相应的策略劝说观众接受自己的某种思想观点,并希望观众在这种思想观点的影响下产生相应的行为的一类演讲。

1. 鼓动性演讲

演讲者通过鼓动的方式劝说观众接受自己的某种思想观点,并希望观众在这种思想观点的影响下产生相应的行为。常用于号召、动员群体树立某种信念或参与重大的活动,演讲者演讲时应带有饱满的情感。

2. 劝服性演讲

演讲者通过提供证据、演示等方式劝说观众接受自己的某种思想观点，并希望观众在这种思想观点的影响下产生相应的行为。常用于营销商劝说消费者接受自己的营销理念或营销产品。

(三)仪式性演讲

仪式性演讲指演讲者在某些固定的仪式性活动中，以突出仪式的特殊意义、选择相关的人和事件为主题的演讲。

1. 纪念性演讲

这是在公共纪念日活动或某个机构(组织)举办的纪念性典礼上，演讲者发表的主题演讲。常见的纪念性演讲有毕业典礼演讲、战争纪念日演讲等。演讲者通常是领导人、社会知名人士、某个领域的专家，具有较强的社会影响力，演讲内容一般会体现出鲜明的价值观或导向性。

2. 人生历程仪式演讲

这是在重大人生历程仪式上所做的演讲，主要有婚礼演讲、葬礼演讲等。这类演讲把对仪式中主人公的评价作为主要内容。婚礼中突出对新郎新娘的正向评价和祝福，葬礼中突出对逝者的缅怀。

3. 获奖演讲

这是在体育、艺术、科技等领域的重大颁奖活动中，获奖者所做的现场演讲，很多是即兴演讲。这类演讲主要包含以下内容：获奖者向曾经帮助自己的人或团队致谢、对未来的展望、对自己所做工作的简单介绍等。颁奖现场是一种荣誉性很强的仪式现场，有的获奖者的情绪会比较激动，欣喜、感动溢于言表,演讲会更突出获奖者的个性特点,产生较强的感染力。

(四)情感性演讲

情感性演讲指演讲者通过抒发情感从而感染观众或唤起观众认同感的一类演讲。

1. 情感感染性演讲

情感感染性演讲指演讲者对具有较大范围的集体共同认知的价值观、事物或人表达强烈的褒贬情感的演讲,目的在于通过感情表达以感染观众。例如对民族英雄表达歌颂之情,对恐怖主义表达愤慨之情。

2. 情感共享性演讲

情感共享性演讲指演讲者面对自己所在的某个小范围群体成员,通过讲述群体之间共同的信仰、共同经历的事件,以达到情感自然交流,平等分享的目的的演讲。组织这类演讲通常是机构内部加深成员认同感的重要方式之一。

第二节 观众分析与应对

无论何种类型的演讲都是面对观众的公开讲话。对观众进行基本特征与心理特征分析有助于更好地把握观众的反馈并与之保持良好互动。

第八章 公众演讲

一、观众的基本特征分析

观众的基本特征指的是人口统计学特征常用的一般指标,包括年龄、性别、职业、文化程度等。在大型的集会性演讲或即兴演讲中,这些指标难以统计和量化。但是,在提前预知观众范围的或规模较小的演讲中,这些指标是可以提前了解或通过现场观察而获知的。了解观众的基本特征,可以寻找观众基本特征方面的某些共性,比如同年龄段群体的心理特征、某些职业从业者的喜好偏向等,从而有针对性地设计演讲稿和现场表达方式。当然,有针对性地设计演讲稿和现场表达方式,绝不是为谋取高额利润而做虚假或夸张的陈词。例如,一些保健品营销演讲就是针对老年人群的某些特点,为了牟取暴利而做的模式化演讲,观众一定要注意鉴别。《现代快报》记者曾经卧底某保健品公司的演讲现场,演讲主题为推销某款胶囊,演讲者主要使用了亲情感染和营造气氛等手段:称呼现场老人们"爸爸妈妈",说自己是个孤儿,被捡垃圾的养母收养,吃"百家饭"长大,现在事业有成,要回馈社会。并用现场杀鸡取血实验的方式说明该产品有活血排毒功能。可经记者探访,这些套路在其他类似的保健品演讲中也不时上演。而这款一份成本100多元的产品在现场却卖到了4 999元。① 这些演讲正是抓住了老年人情感孤独和恐惧病痛等心理设计了所谓的"推销技巧"。

---

① 商家卖保健品称服用不得癌 现场杀鸡取血做实验[EB/OL]. (2016-01-03)[2018-07-08]. http://news.youth.cn/sh/201601/t20160106_7493987.htm.

二、观众的心理特征分析

本书将演讲面对的观众的心理特征分为三个阶段来分析，分别是进入演讲现场成为观众的入场阶段、在现场听讲的在场阶段和离开演讲的离场阶段。演讲者要想使自己的演讲吸引观众，就需要了解这三个阶段中观众的心理特征。

(一)入场心理：因何而来

这主要是针对观众入场动机的心理分析，也就是了解观众"因何而来"。简单来说，观众入场主要有主动入场与被动入场两种情况，这两种情况就会产生不同的心理状态。一般来说，主动入场的观众是基于对演讲者或演讲内容的关注而来，带有明显的期盼和热情，演讲中也多会与演讲者保持互动，使演讲者产生被关注的愉悦感和兴奋感，提高演讲者的表达积极性。但是，如果演讲者和演讲内容与最初入场时的期待差距较大，主动入场观众慢慢也会失去兴趣甚至离场。被动入场情况相对复杂，有的观众被单位或机构安排而来；有的是为了陪伴他人而来，而自己本身对演讲没有特别的兴趣。被动入场观众一开始会比较冷淡甚至有逆反情绪，没有倾听、鼓掌等互动行为，但是很可能受到演讲者个人魅力或演讲内容的吸引，而逐渐增加互动甚至产生浓厚兴趣。1990年，美国第一夫人芭芭拉·布什受邀为威尔斯利学院（Wellesley College）的毕业生发表毕业典礼致辞。一开始，600名毕业班学生中有四分之一的人联名上书反对，并坚称芭芭拉·布什"不够格"，因为她是因其丈夫的成就而受人关注,而她本人在事业方面并无建树。① 芭芭拉·布什从容应对,演讲一开始,她先赞扬了威尔斯利学院的多样性和包容性精神,拉近了与现场学生的距离。接着以幽默的自嘲来化解尴尬,她说:"我知道你们今天的第一选择是艾莉斯·沃克。猜猜我是怎么知道的?她因为《紫色》这本书而出名。不过现在却是我来了,我因为我头发的颜色而出名!"②(艾莉斯·沃克是美国著名小说家,《紫色》是其代表作;芭芭拉·布什有一头银白色头发)赢得现场学生的掌声和微笑。接下来,她又从寻找信仰、寻找生活乐趣、珍视人际关系等方面给学生送出衷心寄语,现场不时爆发出阵阵掌声。

(二)在场心理:因何而听

这主要是针对在场观众对演讲者传递的信息的接收兴趣的分析,也就是了解观众"因何而听"。

1. 演讲内容对观众的吸引力

能满足观众心理需求的演讲内容会对观众产生较强的吸引力。观众对演讲内容的心理需求主要有以下几个方面:①实用关联需求。这是演讲内容与观众的实用性需求产生的关联,包括人在衣、食、住、行、教育、医疗等生存、发展方面的实用性需求。②情感互动需求。人作为社会性动物,有强烈的情感交流的需要。演讲内容如果有鲜明的情感色彩,会对观众产生感染力,引发观众的情感互动。③满足好奇的需求。满足好奇心

---

① Barbara Bush Wellesley Commencement[EB/OL].[2018-08-06]. http://www.chinadmd.com/file/xtii3tvtwzciorpxwxuicoc6_1.html.
② Barbara Bush Wellesley Commencement[EB/OL].[2018-08-06]. http://www.chinadmd.com/file/xtii3tvtwzciorpxwxuicoc6_7.html.

是人类普遍的心理需求，人们因此会对某些事物长期保持关注或进行研究探索。如果演讲内容中包含某些领域内神秘的、有趣的内容，人们会因为满足好奇心的需求而对演讲内容充满兴趣。

2. 演讲者对观众的吸引力

演讲者自身具备的某些特质形成了个人魅力，演讲人的魅力会呼应观众的多种心理需求，从而吸引观众。个人魅力主要表现在以下几方面：①个人身份魅力。广受关注的公众人物或某个领域的杰出人物会受到较多人的崇拜或敬仰。这些人物包括政治家、著名演员、商界精英、科学家等，他们的演讲对观众更加有吸引力。②精神状态魅力。精神状态是人在内在意念支配下表现出的表情、肢体动作和声音等的综合状态，可以大致分为兴奋型、平淡型、低落型。具有魅力的演讲者精神状态趋于兴奋

图 8-3　具有相貌魅力的演讲者

型,表现为内心有强烈的表达思想和情感的愿望,并通过丰富的表情、生动的身势状态、语调变化和加大音量等方式加强表达。③相貌魅力。相貌可以分为"貌"和"相"两个部分。"貌"指的是人的身体外在呈现的基本特征,主要取决于先天因素。研究显示,某些外貌特质被认为是具有吸引力的,这些特质包括:明亮的眼睛、对称的身材、偏瘦或适中的体形。[①]"相"呈现的是人外在的习惯性体姿、表情、神态的基本状态,也可以称为气质。"相"和人的成长环境、教育经历、人对自身的情绪和意志的控制能力有关,主要取决于人的后天历练。有人外表平平但却可能因良好的教育经历和性格、意志的磨砺而散发出气宇轩昂、优雅自信等气质,形成独特的个人魅力。在演讲中,演讲者如果具备"貌"的魅力会使观众产生视觉愉悦感,具备"相"的魅力更会使观众产生发自内心的认同感或钦佩感。④表达技巧魅力。演讲者对口语表达技巧的运用能使整个表达过程具有节奏感、主次感和情感起伏变化,这也会对观众形成磁石般的吸引力,避免现场观众分散注意力。关于口语表达的技巧在本章第四节中将会详述。

(三)离场心理:因何回味

在大多数情况下,观众离开演讲现场(或观看演讲视频)后,对演讲的内容会渐渐淡忘。但是,经典的演讲却多次被人回味,演讲现场的音视频也不断被传播,例如马丁·路德·金的著名演讲《我有一个梦想》。观众离场后还能长久地对演讲进行回味。第一,是因为演讲稿具有文本价值。这些演讲稿的内容涉及的价值观、哲学思考或人类的共同困惑等深层问

---

① PEARSON,NELSON,TITSWORTH,et al. Human communication[M]. New York:McGraw-Hill,2003:111.

题,不断引发观众对演讲内容的回味。第二,演讲者具有超常的个人魅力,能令观众对其产生崇敬、欣赏之情,逐渐形成良好的印象。《我有一个梦想》的演讲中,大量的排比修辞表现出人类对于种族歧视的控诉和对平等和谐生活的向往,咏叹式的比喻又召唤人们争取和平的斗志。马丁·路德·金本人演讲时雄浑的声音、抑扬顿挫的语调、有力的手势也具有强大的感染力。

第三节 演讲稿的准备

一、确立主题

确立主题是演讲稿写作的第一步。主题是稿件的核心思想,主题的确立首先与演讲目的相关。有的演讲是主题先行,如由相关组织机构主办的演讲比赛或主题宣讲,这类演讲要紧扣主题,选择与主题相适应的演讲类型,并结合自身选择特有的视角和文风。有的演讲是自拟主题,演讲者自身的主动性较强。在这种情况下,要结合演讲情境和演讲受众的需求确定主题。比如,在学生的毕业典礼上受邀演讲,可以采用励志性主题;科学家给中小学生做演讲,可以以趣味性科普知识为主题;在亲友的婚礼仪式中做演讲,可以以赞美新人为主题。

二、搜集素材

(一) 素材来源

按素材来源可把演讲稿中的素材分为直接素材与间接素材两大类。直接素材是演讲者通过自己的体验观察、实验、调查等亲历方式所得的第一手材料,也叫原始材料。间接素材是演讲者引用的他人的有关陈述或观点。间接材料一般是演讲者通过互联网、书籍及他人转述等途径获得的第二手材料。相比较而言,直接素材中当事人与演讲者为同一人,没有中间环节的辗转,真实性更强。但是,如果间接素材有比较权威的出处(例如引用权威期刊的数据)或有相关的音视频素材佐证,也会产生很强的说服性。

(二) 素材类别

1. 数据化素材

演讲是一人面对众人的公开讲话,公开讲话的影响范围较大,演讲稿的真实性非常重要,数据是信息真实性最客观的支撑材料。尤其是强调客观性的信息性演讲一定要提供足够的数据化素材来证明信息的可靠性。数据包括事物的数量、数值、比例、比率等,一般以数字和图表的方式予以呈现。

2. 故事化素材

演讲是现场口语表达的信息传播形式,口语表达具有稍纵即逝的线性传播特点,有情节、有悬念、有人物言行的故事容易令观众形成具体的画面感,其中的人物形象会更加凸显,情感感染性较强。中共中央党校出版社出版的《习近平的七年知青岁月》一书,汇集了29名采访对象的口述实录,受访者通过自己的亲身经历,用真实的历史细节讲述了习近平总书记当年"苦其心志、劳其筋骨、饿其体肤、空乏其身"的历练故事。书中讲述了青年习近平一步一步迈过了跳蚤关、饮食关、劳动关、思想关这"四关"的故事;惜时如金,边放羊边读书的故事;带领村民艰苦奋斗,组织农民打坝、打井等真实感人的故事。这几个故事再现了习近平知青时期的艰苦生活和成长经历。这些鲜活的故事化素材使青年习近平顽强拼搏、与人民同呼吸、共命运的担当精神变得具体可感,催人奋进。

3. 文献化素材

文献化素材指有权威出处的对某事物的记录、说明和评论,尤其是来自权威典籍的文字化素材和权威机构制作的影像素材。文献化素材可以为演讲者提供有力的论据,演讲主题如果和重大的历史事件、历史人物相关,要适当使用文献化素材,尽量保证其真实性。

4. 专业知识素材

专业知识素材指某个领域的相关事物的概念、发展历史、专业评论等素材,主要适用于信息性演讲,这些素材能体现演讲者对某领域的熟悉度和权威性,尤其适用于面对专业性观众的概念、原理类演讲。

三、搭建结构

(一)按时空顺序搭建结构

时间和空间构成了人与外在世界发生关联的存在环境。跨文化研究

第八章
公众演讲

学者霍尔把时间与空间作为人类基本行为的两大重要系统来考量。从基本生存层次开始,行为学者用"领地欲"一词来描绘生命有机体占有、适应和捍卫领地的行为,"人类的历史很大程度上就是我们努力从他人那里攫取空间的历史,也是捍卫自己的空间以防外人入侵的历史"[①]。同样,时间与人的行为也是须臾不分的,"生命充满周期和节律,一些直接与自然相连,比如呼吸、心跳、月经等生理现象。……有些人类学家将万物视为历史过程;毫无疑问,如果了解事件的时间关系,你就知道大量的信息"[②]。人的行为都在一定空间和时间中发生,因此,时间与空间可以作为演讲稿的主要结构方式。

侧重展现事件历程的演讲稿,可以以时间为顺序来结构篇章,比如事件的演变、人的成长、思想的变化过程等。这种结构符合人们认知事物的自然顺序,但要避免过多地展现琐碎细节,选择能表现事物发展转变的节点性事件。2009年,白岩松受邀在耶鲁大学发表演讲,题目为《我的故事以及背后的中国梦》,他的演讲就是以时间为结构,讲述了1968年、1978年、1988年、1998年、2008年五个年份中自己和自己背后的国家发生的节点性事件,反映出中国这段时期以来发生的翻天覆地的变化。

以空间为结构,一是可以表现某个空间对于人或事物的特殊性。比如,演讲稿讲述某位援藏干部的感人事迹,就可以以西藏的不同空间环境作为结构方式,表现人物在艰苦的空间环境中克服困难的工作过程和奋斗精神。二是可以表现同一事物在不同空间环境中的共性和差异性。比如,讲述环保的发展,可以以各个国家之间、同一国家的不同地域之间的比较

---

① 霍尔.无声的语言[M].何道宽,译.北京:北京大学出版社,2010:38.
② 霍尔.无声的语言[M].何道宽,译.北京:北京大学出版社,2010:39.

作为结构方式,对比不同空间范围内的环保政策和措施,得出结论。

当然,还可以采用时空结合的顺序来搭建演讲稿的结构,这尤其适用于事物发展的历程比较长、空间转换差别比较大的事物或事件。中央电视台《舌尖上的中国》系列纪录片,讲述的是中国的食物与中国人的内在精神和中国的传统文化之间的关联,食物的发展有漫长的历史,各地域的饮食风俗也千姿百态,所以各集的解说词大部分采用的是时空结合的结构方式,很值得写演讲稿时借鉴。

(二)按论据逻辑顺序搭建结构

即在演讲主题下将各部分论据按照某种逻辑顺序进行关联。常见的逻辑顺序有并列、递进、转折等。篇章之间清晰的逻辑关系体现出演讲者思维的缜密性,容易让受众对整体篇章形成记忆线索。篇幅较长、论据素材较多的演讲稿一定要组织好逻辑顺序,抓住受众的注意力,说服性演讲更是如此。汶川地震灾后救援期间,中央电视台记者深入灾区一个帐篷医院采访,在现场面对镜头,做了长达七分钟的口头讲述,近似一个即兴演讲。她运用并列结构,把三个看起来不相关的物品(一只手表、一只军靴、一个摩托车头盔)进行关联,讲述了三个不同身份的人在灾难中的自救或营救他人的感人故事,表现了军民共同与灾难抗争的顽强斗志,结构清晰,浑然一体。

四、行文措辞

(一)行文措辞的基本层面

从行文措辞的基本层面来说,首先,口语表达语速较快,并受到传播环境噪声等因素影响,因此遣词造句要通俗易懂,篇幅要适当,句式以短句为主,少用句子成分复杂的从句,词义明了,少用生僻词语或容易造成歧义的词语。其次,演讲现场语流的线性传播方式对观众接收信息有重要影响。在这种传播状态下,观众的瞬时记忆和短时记忆发挥主要作用,因此句子之间的逻辑关系要简单清晰,不要给受众理解和消化语义造成太大难度。

(二)行文措辞的修饰层面

从行文措辞的修饰层面来说,可以使用比喻、排比、对仗等多种修辞方式,提升演讲稿的传播效果。解释比较复杂的事物或事件时,可以用通俗的比喻,帮助观众理解事物的本质或特征。想要达到较强的情感说服目的时,可以使用排比句,还可以引用古诗词,以形成声音的音韵美和节奏感,增加演讲的情感感染力。

第四节 演讲现场的心理调节与表达

一、演讲现场的心理调节

(一)怯场心理

演讲中的怯场指面对公众讲话时产生的焦虑、紧张的心理状态。1973 年,美国对 2 500 多人做过一项调查,让被试者列出最害怕的事情,41% 的人选择了公众演讲。美国国家传播协会(NCA)1999 年做了一项名为"美国人如何沟通交流"的调查,调查显示,76%的人在做公众演讲时感到不自在。① 可见,演讲怯场是人们非常普遍的心理状态。怯场主要有以下几方面的原因:第一,对演讲的陌生感。演讲毕竟不同于日常生活中的随意谈话,是有特定观众、有主题、有特定环境,并以演讲者为主体的口头语言传播活动。很多人对观众、环境、主题等演讲要素充满未知,因而产生畏难情绪。第二,准备不充分。由于各种原因没有充分准备演讲稿也会使演讲者心中没有底气,害怕观众不感兴趣,害怕专业人士找出漏洞,害怕表达没有吸引力等。第三,不自信。有人因为生活经历或其他因素形成不自信的状态,这种状态对人做任何事都会产生"我做不好"的消极心理暗示。还有人害怕个人的某些缺点在演讲中被放大,因而产生不自信,比如声音沙哑的人害怕现场表达时让观众产生反感。第四,追求完美的心态。有完美主义心态的人对任何事都渴求圆满,尤其是面对公众产生重要影响的事情。这样的人要求自己在演讲中不能出现错误,希望演讲中能吸引观众,希望得到观众的认可。由于期待过多形成思想压力,进而害怕出错,害怕冷场等。美国著名演讲学研究者卢卡斯曾经总结出六个克服怯场的方法:①获取公众演讲体验。②反复准备。③积极思考。④想象演讲成功的现场场景。⑤意识到大部分的紧张表现是不易被发现的。⑥不要期待完美。②

(二)良好的心理状态

演讲时良好的心理状态应该是兴奋而有所控制的,热情而不失从容的。首先,对演讲活动要有充分认知。确定演讲类型,认真准备演讲稿,

---

① LUCAS. The art of public speaking[M]. 7th Ed. New York:McGraw-Hill,2001:8.
② LUCAS. The art of public speaking[M]. 7th Ed. New York:McGraw-Hill,2001:9-13.

做好观众分析,把演讲中的不确定因素逐渐消除,保持平稳的心态。其次,在演讲中,应时刻对演讲内容抱有热忱。对演讲内容抱有热忱会使人产生兴奋心理,产生一种一吐为快的表达欲望。同时,对内容的关注也会使演讲者避免过度关注自我,从而缓解不自信和追求完美心态带来的紧张感。最后,对观众抱有热情。希望为观众提供有用的信息和有益的观点,同时也期盼得到观众的反馈,有包容反对和质疑的胸怀。这样的态度有助于演讲者处变不惊。

二、演讲现场的言语表达

(一)言语表达技巧

在有声语言表达中,为了准确表达语义、凸显情感和基本态度,演讲者需要运用一系列言语表达技巧,主要包括:基调、节奏、停连、重音和语气。

基调:有声语言表达者对一篇完整篇章讲话内容给予的感情色彩和分量,表达时总的态度和倾向。基调通过节奏和语气的变化得以体现。

节奏:有声语言表达者在一篇完整篇章表达中体现出的有声语言的抑扬顿挫、轻重缓急的外部形态的回环往复。节奏大致分为六种类型:舒缓型、高亢型、低沉型、紧张型、轻快型、凝重型。[①]

停连:停顿和连接简称停连。在有声语言表达中,语言的层次、段落、语句、词语之间,语流有休止、中断的地方,都属于停顿。有些不休止、不中断的地方,特别是文字稿件中有标点符号而有声语言表达中不休止、不

---

① 付程.实用播音教程第 2 册 语言表达[M].北京:北京广播学院出版社,2002:252.

中断的地方,就是连接。停顿和连接都是有声语言表达中显示语言、抒发情感的方法。

重音:在语言表达中着重强调的、体现语言目的和思想感情的词或词组。重音表达以语句为单位。

语气:思想感情运动状态支配下语句的声音形式。思想感情包含两方面的内容:一方面是语气的感情色彩,另一方面是语气的分量。感情色彩主要指语句所包含的喜、怒、哀、欲、惧、爱、憎等态度情感方面的具体性质;语气的分量大致可以分为重度、中度、轻度三个等级。语气的外在声音形式也称语势,按照声音的高低变化特征可以分为五种大致的类型:波峰型、波谷型、上山型、下山型、半起型。[1]

(二)言语表达重点

1. 表达逻辑关系

如同书面文章要表达段落、层次、句子之间的逻辑关系一样,口头语言表达也要表达出这些关系,这样的演讲条理才会清晰。在书面文章中,通过排版格式、字体变化、小标题等方式可以体现段落、层次之间的逻辑关系;句子之间的逻辑关系也可以通过一些关联性词语体现。相应的,在口头语言表达中可以运用停连的长短体现段落、层次之间的转换;运用重音凸显句子中的关联词,或运用语气变化体现句子间逻辑关系的转换。

2. 表达信息要点

信息要点指语句当中凸显语义的关键词,一般多用重音的方式予以强调。重音不等于重读,在语流中可以采用高、低、快、慢、轻、重等对比方

---

[1] 付程. 实用播音教程第2册 语言表达[M]. 北京:北京广播学院出版社,2002:201-202.

式将关键词与其他部分进行区分。

3. 表达情感

用适当的技巧表达情感是打动现场观众的重要方式。演讲者首先要对演讲稿的基调做准确分析,然后从整体上确定表达时运用的节奏类型,再找出表达情感的高潮点、转折点的重点语句,做语气分析,运用语势变化体现具体的感情色彩和语气分量。语势变化是感情、声音、气息关联变化的过程:气随情动、声随气变、以声传情。

思想感情与声音形式有对应关系。表达"爱",表现为气徐声柔;表达"憎",表现为气足声硬;表达"悲",表现为气沉声缓;表达"喜",表现为气满声高。

三、演讲现场的非言语表达

在演讲中,言语以外的表达方式对演讲起着很重要的辅助作用。提高非言语表达能力可从以下几个方面着手:

(一)人体状态

1. 声音状态

声音状态体现演讲者的精神状态和情感投入状态。演讲时要保持良好的声音状态,如果有条件可以进行胸腹联合式呼吸法和口腔开度训练。运用胸腹联合式呼吸法,可以达到气息贯通、深长的状态,对声音起到良好的支撑作用。口腔开度训练可以使声音获得良好的共鸣,使发音声束集中,更有穿透力。相关训练方法可以参考中国传媒大学播音主持艺术学院编撰的《播音主持语音与发声》等教材。

2. 体姿状态

首先,演讲者的体姿体现演讲者的精神面貌,演讲中应注意保持身体挺拔向上,腰背挺直,双足站定;其次,演讲的部分体姿(尤其是手势)还对演讲的言语内容起到强调、补充等作用,手势运用要积极、动作有力;身体和头部朝向的变化也起到与现场观众沟通互动的作用。尤其在面积比较大的会场演讲时,一定要注意不要只朝向正对自己的这部分观众,可以在120度左右的扇形区域范围内,适当转变身体和头部朝向,兼顾坐在会场边缘的观众。

3. 表情状态

演讲时表情的运用要注意以下两方面。一方面,表情一般比日常人际沟通时更积极夸张,整个面部呈现一个"张开"的状态:瞳孔适度张开、提拉颧肌、口腔适度打开,这样积极的面部肌肉运动可以提升人演讲时的兴奋程度;另一方面,要注意表情与内容的契合性,也就是跟随稿件,通过表情自然表露文稿内容中的喜、怒、哀、乐等情感。

(二)服饰搭配

服饰也是演讲现场重要的非言语表达手段。要注意服饰与演讲的类型和演讲的环境相呼应。信息性演讲一般对服饰没有特殊要求,简洁、得体的职业装普遍适用;仪式性演讲对服饰的要求较高,例如电影颁奖典礼、婚礼等重要仪式上,演讲者的服饰一般是考究、特制的礼服,并能凸显演讲者的个人气质,有些仪式上还要结合文化习俗选择适当的服饰。在教室、会议室等场地规整、无大型舞台和灯光的环境中演讲,服饰风格端庄、简洁就可以,不用着盛装华服。在有大型舞台、灯光等设施的环境中演讲,可以突出服饰的颜色或独特款式,并配合适当的妆容。

(三)视频、道具辅助

为了便于观众理解演讲内容或激发观众的兴趣,在演讲中还可以运用视频、道具等辅助手段。信息性演讲是信息要点最集中的演讲,有的还涉及需要特别解释的多个知识点,在这类演讲中可以多运用辅助手段。最常用的就是PPT,可以把口头演讲中的要点以文字、图片等形式同步展现,便于现场观众记忆和理解。在专业性比较强的概念、原理演讲中,还可加入道具模型等对讲述内容进行直观的现场模拟演示。

思考题:

1. 结合实例谈谈演讲中言语表达和非言语表达的要点。
2. 结合实例谈谈你在演讲中是如何进行心理调节的。
3. 请从结构、素材准备、行文措辞几方面评析以下两篇演讲稿。

案例一: **青春因实干而绽放**

苏云茹[①]

春天里,芙蓉园处处可见繁花似锦、草木欣欣向荣,犹如绚烂的青春时光。青春是生命的春天,理应如花草般肆意生长、追赶超越!邓小平同志说:"世界上的事情都是干出来的,不干,半点马克思主义也没有!"的确,没有追赶就不可能超越,要追赶就必须有行动,而行动的最好方式就是实干——托之空言,莫如见之实行。

[①] 苏云茹,女,西安曲江文化旅游股份有限公司大唐芙蓉园景区管理分公司文化艺术发展部员工,此文是苏云茹参加企业内部的文化朗诵比赛时的演讲稿。

加入芙蓉园这个大家庭,我有幸认识了很多在实干中奉献青春的同事,其中很多人都在各自的岗位上持续奋斗了十年以上,以"千场如一场"的演出热情和认真态度为游客和观众带来了一场场丰盛的盛唐文化大餐。有唐风乐舞的精粹——大型梦幻诗乐舞剧《梦回大唐》,有结合了声光电等现代科技的大型盛唐文化夜间演出《大唐追梦》,等等。同大家一起经历的一场场演出,让我看到了"春蚕到死丝方尽,蜡炬成灰泪始干"的精神。即便是已经有了很丰富舞台经验的演员,依旧不断地在角色的塑造上精益求精,对角色扮演的细节不断地改进,始终对自我以高标准严格要求。景区因为有了他们精彩纷呈的各场从不同角度展现盛唐文化的演出而增添了无限活力。正是所有演员以及工作人员在工作岗位中的挥洒汗水、奉献青春,观众才能在无与伦比的视觉冲击、华贵美艳的艺术享受中领略盛唐文化的魅力、自信与包容。

作为一名幕后工作人员,在为有幸成为其中一员而倍感自豪的同时,也十分感恩因工作之便与大家有近距离学习的机会。他们如火焰般向上腾起燃烧的工作热情和踏踏实实在工作岗位上的埋头苦干,深深影响和同化着我。作为一名服装师,除了增强工艺技术水平之外,文学艺术修养、开阔的视野同样需要认真修炼,更需要通过实干实现自我提升。

陕西省2018年政府工作报告中提出了"繁荣发展陕西文艺创作,推出一批文化精品力作"的要求,激励我们怀以更高热情和动力去创作出更新、更优秀的文艺表演作品。要求我们在实干中持之以恒地提升综合实力,实践创新,最终实现创作目标。

"莫见长安行乐处,空留岁月易蹉跎",要想展现风采、沉淀价值,就不该安于现状,必须在实干的基础上,做尽情燃烧的火烛,将有限的精力投入到无限的学习当中去,展望未来确立远大目标争当行业先锋。青春就应该争相绽放,才能彰显其活力;当我们每个人都在实干中成长与进步,我们的企业必将实现追赶超越。

案例二: 我的试飞员成长之路

蒋丹丹[①]

大家好,我叫蒋丹丹,来自中国飞行试验研究院试飞员中心科研飞行总队,是一名年轻的商用运输机女试飞员。很高兴能在这里和大家分享我的经历。

与首席试飞员的一面之缘

每一个飞行员都有自己的"蓝天故事",或者是"从小有一个飞上蓝天,和太阳肩并肩的梦想",或者是"来自飞行世家,耳濡目染,子承父业",或者是"因为那份光环和崇拜"……而我却是因为一场名叫"试飞员成长之路"的名人讲座,和当时的 ARJ 首席试飞员赵鹏,也是我现在所在的试飞院副院长、试飞员中心的书记,有了一面之缘。赵院感动和鼓舞人心的首飞讲述,使我一下子觉得找到了一份不枉此生的事业,从而给了我选择成为一名试飞员的勇气。当时还在读研究生的我,对这份事业的热血澎湃和向往,使我决定踏出忠于自己内心想法的第一步。

要成为试飞员,首先就是接受民航招飞流程,通过体检,到航校学习飞行。和所有的民航飞行员的招飞标准一样,从初检到复检,经过一系列从外到内的体检项目,如同过五关斩六将,成为走到最后的幸运者。

飞上蓝天

2012 年我被派送到中国民航飞行学院,开始学习飞行,成为大家

---

① 蒋丹丹,女,中国飞行试验研究院试飞员中心青年试飞员,陕西团省委组织的 2018 年陕西省"向上向善好青年"青春故事分享团团员,此文为蒋丹丹参加分享团巡回演讲前准备的演讲初稿。

眼里罕见的"女飞"。在此之前,我想象过学飞行可能遇到的各种复杂和困难,甚至还将学飞行和学汽车驾照类比,都是"司机"呀,难度系数应该差不多。差不多?多么的无知和无畏啊!不久,我的天真和无邪就被现实打败了。从一个普通的地方院校的研究生在读理工女,到一个飞行学院的女飞学员,完全不一样的学习环境和生活环境,还有需要恶补的体能,从来没有经历过的活滚、固滚、悬梯,这些抗眩晕的体能训练消耗掉我很大部分的精力。

飞行没有性别之差。这是教员在我中教机训练开飞的时候特别对我说的一句话。(因为中教机是双发螺旋桨并且是机械系统,特别是襟翼收放装置和左右两发拉力不对称带来的方向舵修正量。)所以,我每天除了飞行训练,还有3 000米的体能训练和臂力练习,以及至今都无法忘怀的抵方向舵抵到瑟瑟发抖的腿。当时我们的学员队流传着这样一句话:"没有被拉过单发,抵舵抵到腿软下不了飞机的飞行人生是不完整的。"这些都是学飞人的共同经历,只是对于女飞而言,需要更多的努力和付出。

学习飞行期间,我将飞行的关注点结合了自己的专业,对我的毕业论文帮助很大,完成了研究生的毕业论文,回到大学参加了毕业答辩。

飞行是神奇的,特别是当你克服各种你以为的复杂和困难的时候,在完成一步步飞行训练的同时,随之增加的是你对自己的自信,对飞行的自信!

试飞是一个有故事的缩写词

2015年年底,学完飞行,从民航飞行学院毕业,回到单位,我们就投入了试飞理论和试飞驾驶技术的培训。了解各种试飞的航理、发动机、性能和品质,这些都是成为一个试飞员必需的理论基础和技术基础。同民航飞行员一样,试飞员最在意的标准也是"安全"。只不过,民航飞行员所飞机型的安全包线是试飞员"试飞"出来的。工作环境要比民航的飞行员差,工作负荷也要更高。我们队里的直升机试飞更是飞过最高海拔的机场(青海西大滩),到过极寒之地(漠河、海拉尔),以及酷热机场(三亚),辗转祖国大地……

"试飞"可以理解为一个团队的缩写词,一个有故事的缩写词。我所在的科研飞行总队里,有赵院的ARJ21首飞和国内唯一的最小离地速度试飞,陈明队长的颤振试飞以及冰岛大侧风试飞,赵生书记的水上飞机蛟龙600首飞和积冰试飞,另外还有ARJ失速试飞的代表人物赵明禹,以及试飞中成功处置重大险情的航空报国金奖的获得者单龙飞……这些试飞科目可能对大家来说比较难以理解,简单来说,这些都是探索飞机在天上的性能和"禁区",想知道它能飞多快多高,能载多少乘客,做多大的机动,哪些情况下能飞,哪些情况下不能飞……把这些都找出来,提供给民航飞行员更安全的操作区,来保护乘坐飞机的大家。举个例子来说,试飞员的职业更像是大家小时候都玩过的扫雷游戏,确定雷区,才能保证不引爆地雷,成功通过。

每一个试飞科目都有一个属于自己的故事。它们惊险、焦灼、反复、喜悦。试飞员是一个特别的职业,一个执行任务的机组,是需要特别的默契和信任。每天都和这些试飞"大拿"在一起工作和生活,都能激励自己,作为一个年轻的试飞员来说,更加努力学习和成长。

庆幸

这就是我和我的试飞团队的故事。"试飞员成长之路"这个题目,是2012年年初,我第一次知道"试飞员"这个职业时,赵院做的那场报告的名字,我把自己的经历和大家分享,也用这个题目来激励自己更好地成长。

很庆幸，我在一面之缘的情况下坚定选择了试飞员这个职业；更幸福的一件事情是，试飞团队里的他们是我职业生涯里的偶像！有人说，我们这一代，就是一个喜欢追逐偶像的群体。我觉得有偶像是一件幸福的事情，偶像，就是想象到并努力成为的样子。它是工作或是生活中的一个目标，一个梦想，一个长大的样子。期待年轻的我们一起努力，有个梦想，当成偶像，并且一起努力长成他的样子。愿我们都向往长大，却又不曾长大，永远都是成长的样子，年轻、活力、向上！

谢谢大家！

第九章 跨文化人际沟通

随着交通和通信技术的发展,不同文化之间的联系越来越紧密。因此,在教育、商业、医学等许多领域,有效的跨文化人际沟通已经成为必要,甚至变得不可或缺。

首先,本章将介绍什么是文化和跨文化人际沟通,并介绍霍尔和霍夫斯泰德提出的重要文化维度。其次,本章将解释语言、非言语沟通以及某些态度和心理习惯如何成为有效的跨文化人际沟通的障碍。最后,本章将提出有效的跨文化人际沟通策略。

第一节 跨文化人际沟通与文化维度

一、文化与跨文化人际沟通

(一)文化

文化是代代相传的价值观、符号、仪式和实践的体系,用以指导个人的行为和彼此之间的互动。一个大型文化可能包含较小的文化群体,称为共同文化(co-cultures)。通过逐渐学习和模仿获得文化的过程称为文化适应(acculturation)。文化对人类行为具有普遍的影响力,文化成员简单地、不知不觉地适应它,往往没有刻意质疑。简而言之,文化就是人们追随的一种行事方式。文化认同(cultural identity)是指一个人认为他在文化上是如何言说的。根据大卫·康纳汀(David Cannadine)的观点,影响个人文化认同的因素有6个:宗教、民族、阶级、性别、种族或肤色以及文明史。

(二)跨文化人际沟通

跨文化人际沟通指不同文化背景的成员之间的沟通。几千年来,不同的文化在很大程度上彼此独立存在着。随着交通和通信技术的发展,最初属于不同文化的成员开始接触,不同文化成员之间进行跨文化人际沟通的主要方式有以下四种:移民入境、移民出境、同化和融合。移民入境(immigration)指个人进入另一个国家的过程。移民出境(emigration)指个人移出本土文化的过程。同化(assimilation)指移民通过失去原有文化的习惯来获得新文化的实践的过程。融合(integration)指移民成为新文化的同化成员但不失去原有文化的过程。

二、文化维度

霍尔和霍夫斯泰德提出了一系列重要的二元维度来促进对文化差异的理解。这些维度包括个人主义与集体主义、女性特质与男性特质、不确定性接受与不确定性拒绝、高语境与低语境、高权力差距与低权力差距、一元时间与多元时间以及短期满足与长期满足。

(一)个人主义与集体主义

对中国和美国的建筑名称或街道名称进行粗略研究可能会发现一个有趣的现象。美国的建筑主要以特定的人名命名,如 Willis Tower,John Hancock Center,the Stewart Hall,the Morris Library 等。而中国的许多建筑,如大学的建筑都以其功能命名,如化学楼、物理楼、生物楼、礼堂等。同样的原则也适用于街道命名。在美国,许多街道也以特定人名命名。在中国,许多街道则以集体价值命名,如团结大街、和平大道或和谐大道。结论似乎是,美国文化凸显个人成就,而中国文化凸显集体价值。

在美国人的姓名中,名字放在前面,姓氏放在后面,所以在英语里,名字被称作"首名"(first name),姓氏被称作"末名"(last name)。例如,Thomas Smith,Thomas 是个人的名字,Smith 是个人的姓氏。个人的名字位于姓氏之前,便具有优先或更重要的意义。中国人的姓名恰恰相反,姓氏放在名字前面。例如胡适,姓氏是"胡",名字是"适",姓氏相较于个人名字更为重要。

霍尔和霍夫斯泰德认为:美国文化是个人主义文化,中国文化是集体主义文化。个人主义文化对个人的重视程度高于个人所属的团队,集体主义文化对个人所属的团队的重视程度高于个人本身。个人主义与集体主义的影响可能会反映在日常生活中,例如冲突解决的方法和对面子概念的理解。根据汀-图梅的观点,来自个人主义文化的成员强调"自我颜面",在谈判冲突中坚持并保护自己的面子。然而,来自集体主义文化的个人倾向于"他人颜面",保留和保护他人的面子。根据海波斯(Hybels)和韦弗(Weaver)的分析,个人主义文化区域包括加拿大、

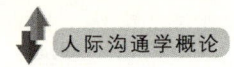

法国、德国、英国和美国等国家;集体主义文化区域包括阿拉伯、非洲、亚洲和拉丁美洲的一些国家。

(二)女性特质与男性特质

性别可能是人员分组的最大标签之一。女性拥有得比较多的特质被认为是女性气质,而男性拥有得比较多的特质被认为是男性气质。典型的女性特质可能包括关心他人、合作、妥协、生活质量、灵活性、温柔、对不幸和情感的同情。典型的男性特质可能包括个人成功、竞争力、对抗、果断、力量和理性。一种文化如果突出女性特质,会被认为是一种女性文化;若更突出男性特质,则会被认为是男性文化。

男性文化将男性置于女性之上。女性作为幕后的"支持人员"从而服务位于前台的男性。即所谓的"男主外,女主内"。在许多文化中,女性仍然处于劣势或弱势性别的地位。中国封建社会中有女性缠足的习俗,年轻女孩为了"实现"所谓的"三寸金莲",不得不用长绷带包足多年,有自然脚的女性被认为是"不正常的",不能与之结婚和生孩子。历史学家声称,这个习俗背后的重要原因是控制——男人对女人的控制。小脚女人不能轻易逃离她们原本的家庭生活。中文"奴"中有"女"而不是"男"。在一些阿拉伯国家,女性仍需要男性家庭成员的同意才能结婚或找工作。1949年中华人民共和国成立后,女性地位大大提高。她们与男性一样,在就业、社会地位、政治以及许多领域获得了法律上的平等。在许多北欧国家,与美国等相对男性化的国家相比,女性的产假时间较长。根据海波斯和韦弗的研究,女性文化区域包括非洲和北欧的一些国家;男性文化包括英国、日本、美国和拉丁美洲的一些国家。

(三)不确定性接受与不确定性拒绝

人生充满了不确定性。文化对不确定性的态度可能是接受或拒绝的。不确定性接受的文化包容甚至欣然接受不确定性。对不确定性拒绝的文化抵制不确定性,包括变化、新想法和不同风格的生活。

一般来说,赞同多样性的文化在很大程度上接受不确定性,而赞同同质性的文化在很大程度上拒绝不确定性。例如,美国文化价值具有多样性,并且更愿意接纳其他国家的移民和不同的生活方式。中国传统文化若与外部文化紧密相连,可能被认为会给中国文化带来不确定因素。

根据海波斯和韦弗的观点,不确定性接受文化区域包括日本和非洲、拉丁美洲的一些国家;中国属于不确定性拒绝文化,而美国则处于这两个极端之间。

(四)高语境与低语境

语境是语言赖以存在、个体运用语言的实际环境。跨文化传播学开创者霍尔提出人际传播中的高语境与低语境概念。高语境传播指在人际互动的时候,绝大部分信息存在于物质语境,语言信息只是所有互动信息的极少一部分。低语境传播则是指大多数信息都通过外在的语言方式进行传达。在高语境文化中,言语传播的数量并不重要,个体会寻求背景信息来建立对互动意义的理解;在低语境文化中,个体真实情感的表达和传递较少地依赖语境,较多地依赖具体语言的适当表达。

在高语境文化中,信息的陈述通常是间接的、含蓄的,通常是为了给他人留面子。因此,上下文(背景)在对信息的正确解释中扮演着重要的角色。高语境文化中的语境因素是复杂的,其中包括年龄、地位和人际关系。中国文化是一种高语境文化。"你"和"我"这两个词可能在不同的交流情况下有不同的形式。如果你和一个年龄较小的人说话,你可以说"你";如果你和一位老人说话,你应该说"您",这是一种表达尊重的方式。在很多情况下,你还需要采用和你交谈的人的(荣誉)头衔,例如"主任""校长""局长"等称呼对方。根据这些人的年龄,你可能需要将他或她称作"小伙子""大哥""大叔""大妈"。当权力等其他背景因素渗入时,你应该说的话和应该做的事情会变得更加复杂。

在低语境文化中,人们通常直接而明确地通过言语表述消息,以便进行有效和清晰的交流。在美国,如果你口渴,你最好就这样对主人说,否则,你可能在接下来的聚会中得一直渴着。美国的法律文件比中国的要长得多,例如,购房合同可能长达近100页。清晰明确的沟通在低语境文化中得到重视。在美国,日常称谓比较简单,很多时候,人们只是简单地使用彼此的名字。身处低语境文化的人可能会发现身处高语境文化的人难以理解,而后者可能会发现前者过于直接和坦率。以中国、日本和韩国等国家为代表的东方文化是高语境文化,以美国和欧洲的一些国家为代表的西方文化是低语境文化。

(五)高权力差距与低权力差距

在高权力差距文化中,权力是分层安排的。权力与无权力之间或不同权力之间的差距很大。在低权力差距文化中,权力分配更平等,人们倾向于更平等地对待彼此。

在中国传统建筑中,"上屋"或父母的房屋建在住宅的内部,朝着太阳的方向,并远离街道。儿童的"翼房"(厢房)建在住宅的两侧,形成一种家庭内部的权力距离。根据出生时间,在男孩中,也有一个权力序列。最年长的儿子叫伯或孟,第二叫仲,第三叫叔,第四称为季。即使在现代汉语中,也有不同的术语暗示兄弟姐妹之间的权力等级。兄弟中,年龄较大的是哥哥,年龄较小的是弟弟;姐妹中,年龄较大的是姐姐,年龄较小的是妹妹。年龄较小的孩子不应该直呼哥哥姐姐的名字。权力在中国人的心中是一个突出的概念。美国文化中的权力差距很低,人们通常更平等地相互对待。例如,无论年龄大小,兄弟姐妹都可以简单地使用名字相互称呼。学生们直呼教授名字来请教问题也很常见,教职人员通常直呼学校行政人员(如校长)的名字。

(六)一元时间与多元时间

一元时间文化中的人根据时钟处理时间,时间是精心安排的,为每个时间段指定一项具体活动。协调和准时在一元时间文化中受到高度重视。美国文化是典型的一元时间文化,事件按计划进行,课程应该准时结束,以便学生跑去他们的下一个班级或忙私事,拖延是不被容忍的,学生会因上课迟到而受到惩罚。一元时间文化中的人们使用精心制订的计划来安排和追踪他们的时间。一元时间文化促进效率和协调,但也可能增加人们的压力。

多元时间文化对待时间更加随意。人们可能会在一段时间内做多件事。多元时间文化中的人们不会强制遵循时间安排。伊朗人可能会迟到一个小时,这被认为是可以接受的。多元时间文化的人倾向于遵循事件的自然发生规律,而不是表上的机械时间。多元时间文化中的生活往往会更放松,但效率和组织性较差。

(七)短期满足与长期满足

据美国国债钟显示,截至 2018 年 5 月,美国国债累计超过 21 万亿美元。美国人借钱购买各种东西,甚至包括手机和电视等低预算项目。而中国的情况似乎相反。据报道,2010年中国家庭的平均储蓄率达到可支配收入的30%以上,而美国的相应数字还不到6%。为什么中国人钱存得这么多,而美国人存得这么少呢?短期满足与长期满足可以解释这种差异。在短期满足文化中,人们希望及时满足欲望,即使其成本超过他们目前所拥有的;在长期满足文化中,人们为未来而努力工作。

霍尔和霍夫斯泰德引入的文化维度有助于对文化的理解。但是,要强调的是,没有哪种文化是绝对单一的或同质化的。不同文化很少存在两种极端值上的绝对差异,而更多的是一种不同维度极端值之间程度上的差异。此外,文化是一个复杂的实体,其成员之间也可能存在着极大的差异。

第二节　跨文化人际沟通中的障碍

在现实生活中,来自不同文化背景的人因种种原因导致沟通不畅、产生误解甚至是冲突,形成了不同程度的沟通障碍。先来看一个案例,据《东南快报》引自美国相关媒体的报道,一名84岁的中国移民因在纽约乱穿马路被警察开具传票,在此期间,由于语言不通,这位名叫黄康春(音译)的老人与警察的沟通发生严重障碍。据目击者称,当时有警察要求老人靠墙站立,并打算给他开具传票,而老人看起来并不理解当下的状况,于是选择离开。警察随后将他拉回,老人进行了挣扎,并推了警方,随后大批警察冲了过来,将老人制服在地并戴上手铐。老人由于头部受伤被送往附近医院。①

---

① 84岁华裔老人纽约乱穿马路被警察打伤[EB/OL]. (2014-01-22)[2018-07-24]. http://news.163.com/14/0122/03/9J5O7K4T00014Q4P.html.

第九章
跨文化人际沟通

图 9-1　乱穿马路的老人与警察发生冲突①

一、语言隔阂

　　语言是文化中共享的符号系统,以促进意义和经验的交流。然而,在跨文化交流中,不同的语言往往阻碍而不是促进交流。由于数千年来不同文化的分离,人类发明了大量的语言。据估计,今天世界上有 7 100 种语言,每种语言都有其独特的声音、符号和结构。会说一种语言可能是与文化成员进行有效沟通的最重要的要求。语言往往与国家身份相关联。因此,世界上每种语言的成员都坚持使用其母语来维护其国家形象(身份),这最终会使不同文化之间的语言产生更深的隔阂。英语在当今世界使用范围较广,有助于促进跨文化交流。但是,许多国家反对英语的传播,认为它反映了美国等超级大国的霸权。

---

① 84 岁华裔老人纽约乱穿马路被警察打伤[EB/OL].(2014-01-22)[2018-07-24]. http://news.163.com/14/0122/03/9J5O7K4T00014Q4P.html.

根据萨丕尔-沃尔夫假说,语言不仅代表着独特的民族经验和思维方式,而且让准确和等同的翻译变得相当困难。例如,汉语"君子"一词的含义比英文单词"gentleman"要丰富得多。"君子"被译为"gentleman"时,失去了许多意义。语言甚至可能在不知不觉中形成态度和心理习惯。例如,中文词语"教室",强调教师教学行为是这个空间中的主要活动。然而,英文单词"classroom"("教室"或"课堂")并不具有这种暗示。语言通常包含丰富的历史,这些历史将会在直译中丢失。例如,成语"班门弄斧"有一个背后的故事,英译"在鲁班的门前挥斧头"不仅失去了故事,而且失去了简洁的表达效果。

二、非言语沟通隔阂

非言语沟通指使用语言符号以外的多种非语言符号的沟通行为。非言语沟通包括眼神接触、面部表情、人际距离、身体姿势和动作、副言语、时间与空间的观念、赋予沟通意义的各种装饰品、器物等。

某些非言语沟通行为是建立在人类的生物性本能基础上的,这充分体现在人的表情、身体动作对情感的表达方面,比如不同文化、地域中的人表达痛苦和快乐时都有相似的面部表情。然而,许多非言语沟通就像语言一样,代表着一个文化群体内部的共同协议。在中国古代,直接与皇帝的目光接触被认为是反抗的象征。中国古代官员用笏不仅记录皇帝的指示,还阻止直接与皇帝视线接触。然而,在许多国家,如美国,缺乏直接的目光接触被认为是不诚实和不尊重他人的表现。在跨文化交际中,不同的非言语使用方式可能会造成严重的误解。例如,当被美国警察询问时,一个来自拉丁美洲的小男孩可能会低下头来表示对这位警官的尊敬。

然而,这位警官可能会将这个小男孩的回避眼神视为挑衅甚至威胁。

在一些文化(如伊朗文化)中,人们对话时脸部表情非常丰富,这是表达兴趣和参与度的标志。在美国,相同的做法可能被以为是不适当的。人际距离、领地权和身体接触方面的差异也会导致跨文化交流的误解。例如,中国人非常保守,不会将互相拥抱或亲脸颊作为一般问候方式;但在阿拉伯文化中,拥抱和亲脸颊是常见的问候方式。与美国人相比,中国人没有强烈的个人领地或个人空间感。结果,当一个中国人进入美国人的个人空间而不说"请原谅"时,后者认为前者是粗鲁的。手势在不同文化中也有很大差异,例如拇指向上,在一种文化中表达的是赞美,但在另一种文化中却是贬义的(如希腊和伊朗)。在某些文化中,长时间的沉默是可以接受的(例如传统的中国乡村),但在其他文化中却令人尴尬(例如美国)。在某些文化中(如伊朗和许多拉丁美洲国家),迟到是可以被接受的,但在其他国家(如美国)却被认为是极不礼貌的。嗅觉感受也会对跨文化交流造成障碍。一些中国人可能喜欢食用臭豆腐和榴梿等释放很大气味的食物,这些食物可能会令美国人感到厌恶。

三、态度和心理习惯

许多态度和心理习惯可能会阻碍有效的跨文化人际沟通,包括焦虑、民族中心主义、刻板印象、成见、偏见和种族主义。其中有些是故意的,有些是无意识的。由于跨文化交流固有的不确定性和潜在的误解,人们面对新文化时变得焦虑是很自然的。

(一)焦虑

焦虑经常会导致我们躲避与来自不同文化的成员沟通。然而,研究表明，我们大部分的焦虑往往超出了现实情况。Sugawara调查了在美国工作的日本公司的数百名日本工人，有30%的受访日本工人认为他们的美国同事对他们说的英语不耐烦，但实际上只有8%的美国同事对日本工人说的英语感到不耐烦。

(二)民族中心主义

民族中心主义是阻碍有效的跨文化交流的第二个障碍。民族中心主义指将自己的族群文化作为衡量其他文化的标准。这就导致有些人对任何与自己不同的文化习俗的评价都是负面的。与民族中心主义相反，文化相对主义指的是相信文化各不相同，个人的信仰和行为只应该在自身文化的框架内进行判断，并且不认为一种文化优于或劣于另一种文化。

(三)刻板印象

刻板印象指的是通过群体分类来判断理解他人，而不是通过对群体中个体成员的独特性分析来理解他人。换句话说，我们把人们划分为不同的文化群体，比如中国人、美国人、印度人等。当我们怀有刻板印象的时候，便会把群体属性强加给这个群体里的每一个个体，从而导致我们犯了错误。例如，并不像一些美国人所认为的，中国学生都擅长数学和工程学；另外，并不像一些中国人所认为的，美国人对性都持开放态度。

(四)成见

人类的大脑本质上偏向某个特定的方向。例如，我们倾向于注意我们的眼睛所熟悉的事物，并忽略我们眼中不熟悉的事物。我们倾向于做已经习以为常的事情，而不评估其中的有效性或逻辑性，这就形成对事物的成见。例如，本书的作者之一Lucian在中国农村长大，他小时候在家乡见过的所有梯子都没有轮子,后来他移居美国,在修理自家院子篱笆的时候,没想到美国的梯子上有轮子,结果肩上扛着沉重的梯子劳累了好几天。当一个美国朋友告诉他梯子上有轮子时,他才意识到自己浪费了不少体力。

(五)偏见和种族主义

偏见是指我们对不同文化的人持有的负面成见。肤色较浅的人可能对肤色较深的人有偏见,反之亦然,但是这两种皮肤都是天生的。喝咖啡的人可能会对喝茶的人存有偏见,但是两种饮料都有很好的味道且对人体有一定益处。人类的偏见就像人类的文化一样丰富,但它们都缺乏内在逻辑。

种族主义是对种族群体的故意歧视。种族主义通常以不同的程度和形式表现出来。种族主义既表现为一个种族群体奴役另一个种族群体,认为他们是未开化的野蛮人;也表现为一个种族群体的成员比另一个种族群体的成员拥有更高的待遇标准。

第三节　有效的跨文化人际沟通策略

一、对其他文化持开放态度

就像一个封闭的头脑,封闭的文化很少会学习或成长。每一种文化都是一种习惯系统。有些习惯是健康的,有些则不是。通过与其他文化

图 9-2　中美两国小朋友在学校一起做游戏

的联系,我们在生活中学习不同的行为方式,从而获得更多的文化视角和生活习惯,使我们能够更轻松、更有效地生活。对其他文化持开放态度,从错误中学习,你将受益匪浅。

二、评估自己的文化

必须记住,我们都是自己文化的产物,它使我们偏向特定的行为和思维方式,并影响我们考虑什么是"异常"或"不适当"。然而,所有这些判断和信念都是在我们自己的文化框架内呈现的。一旦文化框架转移,判断和信念背后的文化逻辑就会立即失效。我们可能成为本土文化习俗的受益者和受害者。例如,数百年来,中国女性是缠足传统的受害者。我们必须像之前介绍的那样实践文化相对主义。桑叶不能判断苹果叶子,就像苹果叶子不能判断桑叶一样。

三、练习认知检查

跨文化人际沟通中的误解是不可避免的。如果你认为你冒犯了别人或其他人冒犯了你,不要逃避跨文化人际沟通,而要践行认知检查。认知检查是帮助纠正跨文化误解的实践方法,可以分为三个步骤。第一,描述你所观察到的事物:"当我说'我无法想象一个中国人的英语能够这么好'时,你显得很不高兴。"第二,提供你对所发生事情的解释或意图:"我本打算赞扬你。"第三,请对方对你所观察到的内容进行解释:"你能向我解释你是如何理解我的话吗?"

四、努力融合

一种文化的成员与另一种文化的成员进行跨文化人际沟通时有四种模式:边缘化、分离、同化和融合。在边缘化的模式中,成员既不认同他的本土文化,也不认同外来文化或东道国文化。这个成员被边缘化,成为文化上的无根者。在分离的模式中,成员只认同他的本土文化,但选择与外来文化或东道国文化保持分离或隔离。这个成员实行封闭的文化,很少学习或成长。同化的模式和分离的模式是相反的,实践同化的成员对其本土文化失去认同,并选择与外来文化或东道国文化同化。在融合的模式中,成员选择通过吸收来自两种文化的营养来保持他对本土文化和对外国文化或东道国文化的认同。融合的模式使成员能够学习和成长并且能收获最丰富的文化体验。因此,有效的跨文化交际者应努力采用融合的模式吸取不同的文化。

五、不要使用引起分歧的标签

我们创造了太多的标签,把人类分成了太多的群体。宗教标签,如基督教徒、佛教徒、天主教徒等;虚构和想象的群体,如"好人""坏人""穷人""富人"等。分裂的标签会引起跨文化的冲突。我们号召使用一个有助于所有人团结在一起的概念:人类。你不需要称呼这个人为"白人"或"黑人",你可以简单地称呼其为"先生"或"女士"。让我们重新审视孔子关于文化差异的态度:"性相近,习相远。"不同的文化习惯把我们分开,但是人性是把我们联结在一起的共同本质。我们要保持警惕,防范自己的文化习惯和偏见,寻找并坚持人类的共同本性。

思考题:

1. 你是否有令人难忘的愉快或不愉快的跨文化人际沟通经历?如果有的话,请分析原因。
2. 请描述一次由语言导致的跨文化人际沟通障碍(隔阂)。
3. 请描述一次由非言语沟通导致的跨文化人际沟通障碍(隔阂)。
4. 请描述你使用本章节介绍的指导原则提升跨文化人际沟通效率的经历。

后 记

感谢美国乔治华盛顿大学组织科学与传播系终身教授刘美娜女士百忙中抽出时间为本书作序！感谢陕西师范大学新闻与传播学院院领导、院学术委员会各位教授的支持！感谢播音与主持艺术系同事们的帮助和支持！

感谢中国传媒大学出版社播音主持编辑部主任赵欣、编辑高卓毓提出的宝贵意见和耐心的修改！陕西师范大学新闻与传播学院毕业生辛鑫、尹星云、徐珊、张龙等为本书提供了大量资料素材；陕西师范大学研究生谢欣榕、李佳佩、胡雨露、高宇轩等同学帮助笔者做了大量资料整理和校对工作，在此表示衷心的感谢！苏云茹女士、蒋丹丹女士、韩秀平先生等社会各界人士提供了大量素材，在此表示衷心的感谢！

衷心感谢本书作者之一Lucian（吕新安）教授。吕老师出生于陕西渭南的普通农家。家境贫寒的他专心苦读，在国内边打工边攻读硕士学位，后来到美国读博士，其间夫妇俩轮流读书并且照顾两个年幼的孩子。20世纪八九十年代出国读书的那一批中国留学生是天资极高又非常勤奋的。可以想见，一对毫无背景赤手空拳在美国打拼的年轻人当年的坚强。

吕老师及夫人漂洋过海，克服重重困难立足扎根，想必是当初那一份最真挚的爱情给他们提供了无限的力量，二人互相吸引、充满信任的关系是其人生中巨大的财富。2018年吕老师回国期间重游母校，忆往昔大学爱情并写诗纪念，诗中的纯洁、美好的人际情感让人感慨。但愿读者在家庭、工作中都能拥有带给你无限力量、光芒和希望的美好人际关系。

Love is such a magical thing. It puts the lover in pure happiness, without the need of any material foundation. A walk on my old Alma Mater's campus awoke memory of my college love. And here is a little gift for every lover, past, present, or future.

生命是多么无奈的游戏

我们没法左右它的起点

也无法操持它的终点

我们始终清楚

终点的事情只有一件

千真万确然而秘不可测

尽管如此

我们却不懈地，匆忙地

朝着那注定的灭亡

跌撞着，喘息着

生命又是多么有趣的游戏

在那万千的人窝里

却真切独独撞到你一个

后 记

周遭的一切早已物是人非

然而你馈赠的记忆

却越活越清晰

生命的终了

能随行的

无非一纸记忆

那记忆里

必有灰暗

必有亮丽

你那年轻洁净的笑脸

注定是那亮丽中的亮丽

（摘自吕新安 2018 年 7 月 2 日微信）

  愿你我从最基础的人际关系开始，开启顺畅的人际沟通之旅，愿人与人的世界，彼此独立又能彼此相通。

成越洋
2019 年 2 月